KARL GENGENBACH
DIE KÖNIGIN VON ESCHNAPUR
NEUE SATIREN

AF239169

Herstellung und Verlag: Books on Demand GmbH, Norderstedt
ISBN 3-8334-2526-1

# Schlemihl und Schlimasl

Der Schlemihl ist ein Besserwisser, ein Nörgler, ein Meckerer, ein Stänkerer und ein Spötter. Er ist auch ein Egoist, ein Dickschädel, ein Querulant und ein Spinner. Er ist arrogant, boshaft, eigensinnig, exzentrisch, hinterhältig, starrsinnig, verschlagen und launisch. Außerdem ist er schlampig, stinkfaul und gewissenlos. Ein Wirrkopf, ein Luftikus, ein Chaot, ein Spinner und ein Leichtfuß. Ein Haderlump, ein Gauner, ein Lügner, ein Windbeutel, ein Hallodri, ein Windhund und ein Schlitzohr.
Also, ein ganz normaler Mensch.

Der Schlimasl ist ein Pechvogel, ein ständig glückloser Mensch und ein Verlierer. Siehe auch "Schlamassel".

Der Schlemihl bringt Nachbarn, Arbeitskollegen, Kaufhausangestellte und seine Gefährtin zur Verzweiflung. Mit seinem Nachbarn, einem Schlimasl, liegt er ständig im Clinch.

# Inhaltsverzeichnis

# Die Königin von Eschnapur

*Dem Sänger ist der Abend sehr gelungen, in Kürze hat den Saal er leer gesungen.*

Schlemihl ging gerne jeden Abend zum Stammtisch. Gespräche über Politik, Klatsch und Tratsch bauten ihn immer wieder auf. So konnte er den nächsten Tag einigermaßen überstehen.

Eines Abends saß er, wie gewohnt, an seinem Stammplatz. Die Gespräche plätscherten so dahin und es war sehr gemütlich. Plötzlich öffnete sich die Eingangstür und da stand er, "Willy". Willy war Fischer, Jäger und Pensionär. In der Hand hielt er eine alte Klampfe. Und hier beginnt die eigentliche Geschichte.

Willy setzte sich ungefragt an den Stammtisch und griff auch gleich in die Saiten. Er spielte einige Akkorde zum eingewöhnen, dann begann er zu singen. Er sang "In Griechenland", dann "Heute mach ich Hochzeit mit Marie", gefolgt vom "Clochard". Alle kannten diese Lieder und sangen auch mit.

Willy freute sich darüber und machte schließlich eine Pause, um eine zu rauchen. Nach wenigen Minuten griff er erneut zur Gitarre und begann ein neues Lied. Nun kamen Lieder, die Schlemihl noch nie gehört hatte. Er sang das Lied vom "Giggelbauer und Gaggelbauer" und ließ "Drunten im Tal" folgen. Dann kam sein Lieblingslied "Die Königin von Eschnapur". Dieses mußte er gleich mehrmals spielen, bis alle mitsingen konnten.

In den folgenden Wochen kam Willy immer öfter. Schließlich erschien er jeden Abend. Willy war kein Meister auf der Gitarre und er konnte auch nur einige Akkorde spielen, aber für Stammtischlieder reichte es allemal.

Die Klampfe ließ Willy gleich da. Sie wurde ins Nebenzimmer an einen Haken gehängt. Wenn Willy am

Abend den Gastraum betrat machte er nur einen Wink zum Wirt und sagte kurz: >>bring sie.<< Schon bald war eine normale Unterhaltung nicht mehr möglich. Die Gespräche verstummten und Willy spulte sein Programm ab. Kein Abend ohne "Giggelbauer und Gaggelbauer". Kein Abend ohne "Die Königin von Eschnapur".

So langsam wurde das lästig und Schlemihl ging es ganz schön auf die Nerven. Eines Abends begann er, während Willy spielte, ein Gespräch mit einem Stammtischnachbarn. Sofort hörte Willy mit spielen auf und gab ihm einen "Rüffel": >>entweder wir reden, oder wir machen Musik.<< Dann stellte er beleidigt seine Klampfe an die Seite.

Lange konnte Schlemihl sich nicht darüber freuen. Die anderen Stammtischler riefen im Chor: >>die Königin, die Königin.<< Willy ließ sich nicht lange bitten und spielte weiter. Diesen Kampf hatte Schlemihl klar verloren. Mit einer faulen Ausrede verließ er vorzeitig sein Lieblingslokal. Nachts konnte er nicht schlafen. Ständig ging ihm der Giggelbauer und der Gaggelbauer und die Königin von Eschnapur durch den Kopf. So konnte es nicht weitergehen. Er mußte sich etwas einfallen lassen.

Eines Abends war Willy gut drauf und sagte: >>wer hat einen speziellen Musikwunsch?<< Das war die Gelegenheit, auf die Schlemihl gewartet hatte. Er sagte schnell: >>spiel doch mal "Kommt en Furz de Hohlweg ra, isch verschmiert mit Loimen".<< Er erntete verständnislose Blicke und Willy begann wieder mit der Königin von Eschnapur. Er hatte dieses Lied am Abend ja erst dreimal gespielt. Schlemihl fügte sich seinem Schicksal.

Einmal hatten die anderen Stammtischler auch genug und forderten keine Zugabe mehr. Das brachte Willy aber nicht in Verlegenheit. Er sagte seinen Lieblingsspruch: >>auf allgemeinen Wunsch einer einzelnen Dame spiele ich nun das Lied "Die Königin von Eschnapur".<< Dann begann er zu spielen. Diesen Lieblingsspruch sagte er auch, wenn keine Dame anwesend war.

An einem Sonntagabend begann er seine Klampfe zu stimmen, klimperte ein wenig herum und sang als Kammerton A leise das Wort "Arschlöchle". Als er mit dem Stimmen fertig und mit dem Klang seines Instrumentes zufrieden war, stellte er die Klampfe kurz zur Seite. Daraufhin begann eine Dame am Tisch wie verrückt in die Hände zu klatschen. Dann rief sie entzückt: >>das haben sie wunderschön gespielt.<< Darauf meinte Willy trocken: >>was gespielt? Ich habe ja noch gar nicht angefangen.<< An diesem Abend lief er zur Höchstform auf.

Die Stammtischabende waren für Schlemihl unerträglich geworden, aber so schnell gab er nicht auf. Er überlegte sich Plan A und Plan B. Am nächsten Abend setzte er Plan A gleich in die Tat um. Er ging etwas früher zum Stammtisch. Dort waren nur wenige Stammgäste. Unter einem Vorwand ging er zur Toilette. Dann schlich er sich vom Gang ins Nebenzimmer. Da hing sie, die Klampfe. Er nahm sie von der Wand, ging hinaus auf den Hinterhof und legte sie auf den Hackklotz. Als er das Beil schon in der Luft hatte, bekam er ein schlechtes Gewissen. Schließlich konnte die Klampfe ja nichts dafür. Also versteckte er sie in einem Besenschrank im Flur. Dann setzte er sich mit unschuldiger Miene auf seinen Stammplatz und wartete ab. Schon war es 20 Uhr. Willy erschien nicht. Bald war es 21 Uhr. Willy erschien immer noch nicht. Schlemihl wurde immer unruhiger. Sollte sein genialer Plan nicht funktionieren? Die Uhr schlug 22 Uhr und er war ziemlich deprimiert. Da öffnete sich die Tür und wer stand da in seiner grünen Kluft? "Willy". Ein kurzer Wink zum Wirt: >>bring sie.<< Der Wirt ging ins Nebenzimmer und kam wenig später bleich und mit leeren Händen zurück: >>sie ist weg, irgend so ein Sauhund muß sie gestohlen haben.<< Nun konnte der Schlemihl sein Grinsen nicht mehr verbergen und innerlich hatte er ein wunderbares Gefühl. Er war richtig in Hochstimmung.

Dieses Gefühl wurde jäh zerstört, als Willy meinte: >>nicht schlimm, im Auto habe ich noch eine.<< Dieser hinterhältige Hund. Der Rest des Abends wurde für Schlemihl zum reinsten Horror. Nachdem Plan A kläglich versagte, ging er über zu Plan B. Am nächsten A-bend ging er einfach in ein anderes Lokal. Dort war es himmlisch ruhig. Kein Willy. Kein Giggelbauer. Kein Gaggelbauer. Keine Königin. Aber auch kein anderer Gast am Stammtisch. Schlemihl war der Einzige. Nach einer Stunde wurde ihm langweilig. Außerdem schmeckte das Bier, als ob der Wirt seinen Hund darin gewaschen hätte. Er kam zu dem Ergebnis, daß Plan B auch nicht funktionierte.

In den kommenden Wochen suchte er verzweifelt nach einer Lösung. Sein geliebter Stammtisch fehlte ihm doch sehr. Fürchterliche Dinge gingen ihm durch den Kopf. Diese wollen wir aber nicht näher beschreiben.

Eines Tages kam die Nachricht, daß Willy von uns gegangen ist. Der arme Willy. Nun konnte Schlemihl wieder zu seinem geliebten Stammtisch. Kein Giggelbauer, kein Gaggelbauer, keine Königin mehr. Die Gespräche am Stammtisch drehten sich natürlich nur um eine Person, "Willy". Nach drei Tagen war Willy vergessen. So schnell vergeht der Ruhm. Am Stammtisch kehrte wieder Normalität ein.

Hier könnte nun die Geschichte zu Ende sein, ist sie aber nicht. Am nächsten Abend saßen alle wieder beieinander. Plötzlich ging die Tür auf und da stand er, "Otto". Otto hielt in den Händen ein Akkordeon. Er fragte höflich, ob er am Stammtisch Platz nehmen dürfte. Schlemihl schüttelte heftig den Kopf, wurde aber deutlich überstimmt. Das Schicksal nahm seinen Lauf. Otto begann auch gleich zu spielen "Uff'm Wase grase d'Hase". Alle Stammtischler, bis auf einen, sangen begeistert mit. Als sie alle Verse durch hatten, begann Otto von neuem. Nachdem er das komplette Lied dreimal gespielt hatte, bat Schlemihl ihn: >>spiel doch mal was anderes.<< Otto lachte und meinte: >>ich kann doch nur dieses eine Lied.<< Dann sagte er gut gelaunt: >>bei euch gefällt es mir, ich glaube, ich komme jetzt jeden Abend.<<

*

# Schlemihl und Schlimasl

*Der Schlimasl ist ein Pechvogel und Verlierer. Ein ständig glückloser Mensch. Zu allem Übel hat er es auch noch ständig mit seinem Nachbarn – dem Schlemihl – zu tun.*

Der Tag begann für den Schlemihl mal wieder ziemlich merkwürdig. Als der Wecker läutete, wollte er mit der geballten Faust auf den Abstellknopf hauen. Schmerzerfüllt schrie er auf. An dem Platz, wo sonst der Wecker stand, befand sich plötzlich ein Kaktus. Verärgert ging Schlemihl ins Bad, um sich zu rasieren. Aus dem Spiegel sah ihm ein Morgenmuffel mit verquollenem Gesicht entgegen. Da sprach Schlemihl zu sich selbst: Willst du dir den Tag versauen, mußt du in den Spiegel schauen.

Nach dem ankleiden stellte er fest, daß an seinem Hemd ein Knopf abgegangen war. Er ließ das Hemd gleich an und nähte den Knopf selbst an. Nachdem er damit fertig war, stellte er fest, daß er den Knopf auch an seinen Bauch angenäht hatte. Das seltsame Stechen kam also doch nicht von seinem Magen.

Mühsam schleppte er sich zum Kaffeetisch. Nach dem ersten Schluck aus der Kaffeetasse war er überrascht und lobte seine Gefährtin: >>der schmeckt heute ja ausnahmsweise mal gut.<< >>Kein Wunder<<, meinte sie, >>den hat mir mein Onkel aus Brasilien mitgebracht.<< >>Ist ja toll<<, meinte Schlemihl, >>und er ist sogar noch warm.<<

Verärgert sagte seine Gefährtin: >>wenn ich dich so ansehe, fällt mir ein, du mußt ja den Müll noch rausbringen.<< >>Das habe ich schon heute Nacht getan<<, antwortete er, >>aber die Müllabfuhr nahm heute Morgen leere Tonnen mit und brachte volle zurück.<< Entgeistert sah ihn seine Gefährtin an und sagte: >>es ist noch nicht mal 8 Uhr und du lügst mich schon wieder an.<< Wortlos ging er raus, um die Tageszeitung zu holen. In letzter Zeit wurden in der ganzen Nachbarschaft Tageszeitungen geklaut. Aber er hatte Glück, sie war noch da. Plötzlich hörte er aus dem Kellergeschoß ein klägliches "Miau". Er schaute die Kellertreppe runter, da saß tatsächlich ein kleines Kätzchen und maunzte kläglich. Er dachte, wie ist die nur ins Haus gekommen? Dann öffnete er die Haustür und forderte sie auf, hinauszugehen. Das tat sie tatsächlich. Erstaunlich, das Kätzchen hatte ihn verstanden. Wenigstens eine, die ihn verstand. Nach dieser anstrengenden Tätigkeit mußte er sich erst einmal ausruhen. Er schaltete das Radio ein und legte sich zum entspannen auf das Sofa. Aus dem Radio kam nur schlechte Musik, aber er war zu faul, um wieder aufzustehen. Er rief nach seiner Gefährtin, damit diese das Radio ausschaltet. Die war aber längst zum einkaufen gegangen.

Plötzlich hörte er ein seltsames Geräusch in der Wohnung. Ein klägliches Piepsen oder Quietschen. Hatte er vielleicht einen Vogel? Oder war eine Maus in der Wohnung? Mühsam stand er auf und schaute überall nach, konnte aber nichts entdecken. Trotzdem piepste es schon wieder. Da hatte er einen Verdacht und schaute zur Decke. War vielleicht der Rauchmelder die Quelle der merkwürdigen Geräusche? Während er hoch schaute piepste es erneut kläglich und er sah auch ganz kurz ein rotes Licht aufblitzen. Tatsächlich, der Rauchmelder war der Übeltäter. Wenn seine Gefährtin vom Einkauf zurück war, mußte sie gleich die Batterie auswechseln. Beruhigt legte er sich wieder hin.

Rechtzeitig zum Mittagessen kam er wieder zu sich. Seine Gefährtin hatte bereits die Suppe serviert und sah ihn erwartungsvoll an: >>probiere mal die Pilzsuppe, die habe ich extra für dich gemacht.<< Er probierte einige Löffel und meinte: >>die schmeckt tatsächlich köstlich. Woher hast du das Rezept?<< >>Aus einem Kriminalroman<<, antwortete sie. Dann fragte sie: >>was hast du eigentlich den ganzen Vormittag gemacht?<< Stolz antwortete Schlemihl: >>ich habe die Wäscheschleuder im Wohnzimmer repariert, das war ein hartes Stück Arbeit. Jetzt kannst du deine Wäsche wieder schleudern. Du könntest mich auch mal loben. Ich verdiene wenigstens etwas Anerkennung.<< Seine Gefährtin antwortete: >>Anerkennung?, mir wäre lieber, du würdest etwas Geld verdienen.<< Dann runzelte sie die Stirn und dachte laut: >>wir haben doch gar keine Wäscheschleuder.<< Nun geriet sie in Panik und rannte ins Wohnzimmer. Von dort hörte er ihren Schrei: >>was hast du mit unserem Fernseher gemacht?<< Als sie zurück kam, hatte er sich bereits verdrückt.

Es war mal wieder Zeit, den Nachbarn zu ärgern. Der Nachbar war ein Schlimasl und wenn er nicht ständig geärgert wurde, würde er ja seinen Status verlieren. Schlemihl läutete Sturm und der Nachbar öffnete tatsächlich. Als er den Schlemihl sah, wollte er die Tür sofort wieder zuknallen. Blitzschnell hatte der Schlemihl aber den Fuß dazwischen gestellt und verhinderte so die Flucht seines Opfers. Nun bemerkte er, daß der Nachbar einen Müllsack in der Hand hielt und fragte scheinheilig: >>ziehst du etwa schon wieder um?<<

Bevor der Nachbar reagieren konnte meinte Schlemihl, >>ich brauche deine Hilfe.<< >>Ich habe Probleme mit Ratten im Keller, ich glaube, die kommen von dir herüber.<< >>Bei mir gibt es keine Ratten mehr im Keller<<, protestierte der Nachbar, >>ich habe ein großes Bild von dir an meine Kellertür genagelt, seither bleiben die Ratten fern.<< Der Schuß ist nach hinten losgegangen, dachte Schlemihl.

Dann fragte er hinterhältig: >>wie geht es eigentlich deiner Familie?<< Der Schlimasl fiel prompt darauf herein und begann von seinen Problemen zu erzählen: >>meine Frau hat sich total verändert. Wenn sie nach

14

Hause kommt, küßt sie zuerst den Hund und dann mich.<< >>Zeig mir mal den Hund<<, meinte Schlemihl. Der Schlimasl ging darauf nicht ein und erzählte weiter: >>mit meinem Sohn habe ich auch Ärger. Der Junge ist hoch begabt und hat trotzdem nur Fünfer und Sechser im Zeugnis. Wie ist so etwas nur möglich? Außerdem benimmt er sich manchmal wie ein Depp. Woher hat er das nur?<<

>>Klarer Fall<<, sagte Schlemihl, >>ich habe mal gelesen, daß hochbegabte Kinder im Unterricht unterfordert sind. Sie beschäftigen sich mit anderen Dingen und nehmen am Unterricht überhaupt nicht teil. Deshalb schreiben sie auch schlechte Noten.<< >>Du meinst<<, sagte Schlimasl, >>das ist auch bei meinem Sohn der Fall?<<

>>Nein<<, meinte Schlemihl, >>auch wenn unheimlich viele Eltern meinen, ihr Kind sei hoch begabt, weil im Zeugnis nur Fünfer und Sechser stehen, sind sie im Irrtum.<< >>In deinem Fall glaube ich, dein Sohn ist einfach nur ein Depp. Besonders wenn der Vater ein Depp ist und der Großvater auch. So etwas vererbt sich über Generationen, ohne Unterbrechung.<< Der Schlimasl brauchte eine ganze Weile, bis er begriff, wie Schlemihl das gemeint hatte. Er stach Schlemihl mit dem Zeigefinger gegen die Brust und protestierte: >>ich bin kein Depp. Und so blöd wie du bin ich schon lange.<< Dieses stupsen mit dem Finger konnte Schlemihl nun gar nicht leiden. Bevor er sich zurückzog sagte er aber noch zum Schlimasl: >>ich muß jetzt leider gehen, aber gib mir doch noch ein Bild von dir mit.<< >>Wozu denn das?<< fragte Schlimasl erbost. >>Damit ich auch meinen Keller rattensicher machen kann<<, antwortete Schlemihl. Dann zog er sich in seine Wohnung zurück.

Seine Gefährtin hatte sich inzwischen wieder beruhigt und sagte aufgeregt: >>meine Kusine hat angerufen, sie ist jetzt gerade mal 3 Wochen verheiratet. Stell dir vor, was ihr Mann macht, er wirft seine Strümpfe und seine Unterwäsche einfach unters Bett.<< Darauf meinte Schlemihl erstaunt: >>wohin denn sonst?<<

Diese schwierigen Gespräche hatten Schlemihl hungrig gemacht und er fragte: >>hast du übrigens auch Käse eingekauft?<< >>Natürlich<<, sagte seine Gefährtin, >>ich habe einen tollen französischen Käse mitgebracht.<< >>Das hast du absichtlich gemacht<<, schimpfte Schlemihl, >>wo du genau weißt, daß ich nur deutschen Käse esse. Also, Gouda oder Emmentaler.<< Dann ging er verärgert aus dem Haus und rief zurück: >>ich gehe jetzt auf die Rennbahn, ein Bißchen Geld verdienen.<<

Als er am späten Nachmittag zurück kam, fand er auf dem Tisch einen Zettel "Bin schnell noch auf ein Stündchen zu meiner Freundin gegangen." Er schrieb darunter "Ich auch" und ging in seine Stammkneipe. Morgens um 4 Uhr kam er wieder nach Hause. Seine wütende Gefährtin stand, mit dem Besen in der Hand, im Flur. Angeheitert fragte er: >>bist du am putzen, oder fliegst du noch weg?<< Dann sah er nur noch den Besenstiel auf sich zukommen und es wurde Nacht um ihn herum.

# Ein Spinner im Büro

*Früher wurde ein neuer Mitarbeiter von den Kollegen herzlich aufgenommen. Heute ist der "Neue" ein Eindringling und wird gnadenlos gemobbt.*

Der Tag begann nicht gut. Im Radio kam gerade das Trompetensolo aus dem Film "Verdammt in alle Ewigkeit" und im Briefkasten lag ein seltsamer Brief. Er hatte einen neutralen, grauen Umschlag. Aus chlorfreiem, recyceltem Papier. Schlemihl ahnte Böses und betete: Lieber Gott, laß es eine Rechnung sein. Sein Gebet wurde nicht erhört. Es war ein Schreiben der Bundesagentur für Arbeit.

Die Mitteilung begann mit dem Satz: Sie haben sich einzufinden... Als Schlemihl 19 Jahre alt war, bekam er schon einmal ein Schreiben mit diesem Satz. Wenig später trug er eine Uniform. Er wollte das Schreiben schon wegwerfen, aber die Neugier siegte. In dem Brief wurde eine Firmenadresse genannt. Dort sollte er sich als Bürokaufmann bewerben. Das Schreiben endete mit den üblichen Androhungen.

Er sah kurz auf den Kalender, heute war Freitag der 13. Das war ganz klar sein Fehler. An einem solchen Tag öffnet man keine Briefe. Aber hinterher ist man schlauer. Okay, er war schon längere Zeit ohne Arbeit und dachte, die hätten ihn vergessen. Wahrscheinlich suchte jemand eine billige Arbeitskraft mit viel Erfahrung als Urlaubsvertretung oder als Lückenbüßer. Sicher hatte sich in den Büros nicht viel verändert. Er würde sich die Sache mal unverbindlich anschauen.

Gleich am nächsten Montag ging er zur genannten Adresse, einer kleinen Firma, und stellte sich vor. Der Personalchef drückte ihm eine Klobürste in die Hand und meinte: >>Sie können gleich anfangen.<< Dann fuhr er fort: >>aber machen Sie erst in den anderen

17

Zimmern sauber.<< Das Mißverständnis war schnell geklärt. Schlemihl setzte sich und versuchte ungeheuer wichtig auszusehen. Im Stillen hoffte er jedoch, daß er wieder weggeschickt wurde, denn an dem Job hatte er Null Interesse.

Nach einigen belanglosen Fragen stand der Personalchef plötzlich auf. Schlemihl dachte: Geschafft, er schickt dich wieder weg. Da begann der Personalchef zu sprechen: >>Ihre Erscheinung, Ihr Auftreten und Ihre Erfahrung haben mich überzeugt. Ich werde Sie auf Probe einstellen. Wenn die Probezeit gut verläuft bekommen sie die Stelle als "Stellvertretender Sachbearbeiter" und einen Arbeitsvertrag für ein Jahr. Vielleicht sogar auf Dauer, oder länger.<<

Seine schlimmsten Befürchtungen waren eingetreten. Was hatte er bei der Vorstellung falsch gemacht? Nach der langen Arbeitslosigkeit hatte er sich an das faule Leben gewöhnt. Und alte Gewohnheiten sollte man nicht ändern. Während er mit seinem Schicksal haderte, setzte sich der Personalchef wieder und meinte: >>da gibt es noch einige Kleinigkeiten zu klären. Die Arbeitszeit, Ihr Gehalt und der Urlaub. Übrigens, unser Chef wird Ihnen gefallen, das ist bei uns so Vorschrift.<<

Nun sprach er über die Arbeitszeit: >>Sie arbeiten 8 Stunden am Tag von Montag bis Freitag. In den ersten 4 Wochen arbeiten Sie aber das Wochenende durch, damit wir Sie am Montag nicht neu einlernen müssen.<< Schlemihl war sprachlos.

Nachdem er keine Einwände hatte kam es zur Gehaltsfrage: >>wenn Sie gute und ehrliche Arbeit leisten, erhalten Sie auch ein gutes Gehalt.<< Inzwischen hatte sich Schlemihl wieder gefangen und entgegnete: >>na klar, ich habe mir doch gedacht, daß die Sache einen Haken hat.<< Unbeeindruckt fuhr der Personalchef fort: >>wir bezahlen hier nach Leistung.<< >>Davon kann ich doch nicht leben<<, antwortete Schlemihl. Nachdem der Personalchef das Gehalt genannt hatte, setzte er noch einen drauf: >>und bitte, reden Sie mit niemandem über die Höhe Ihres Gehalts.<< >>Keine Sorge<<, meinte Schlemihl, >>ich schäme mich auch darüber.<<

Der Personalchef blieb unbeeindruckt. Das war ein ganz harter Hund. Er wandte sich jovial zu Schlemihl und sagte: >>wir müssen noch über Ihren Urlaub sprechen. Haben Sie irgendwelche Vorstellungen?<< Schlemihl sagte trocken: >>oh ja, wie wäre es mit 6 Monate bezahlten Urlaub? Und das zweimal im Jahr?<< Der Personalchef hielt das für einen Witz und lachte herzlich. Dabei hatte Schlemihl das todernst gemeint. Schließlich einigten sie sich auf 2 Tage Urlaub. Mehr konnte sich Schlemihl bei dem miesen Gehalt sowieso nicht leisten.

Nachdem die wichtigsten Punkte geklärt waren, öffnete der Personalchef eine Schublade an seinem Schreibtisch und holte ein Blatt Papier heraus. Schlemihl protestierte: >>ich unterschreibe keine Erklärung, in der steht, daß ich freiwillig Selbstmord begangen habe.<< Der Chef beruhigte ihn und meinte: >>das ist nur ein Hinweisblatt mit hundert guten Arschkriechertipps. Sie werden es brauchen. Es ist wichtig fürs überleben.<<

Dann erklärte er ihm noch die Hierarchie im Unternehmen: >>ganz oben steht der Boß, dann kommt der Personalchef, also ich, dann der Buchalter gefolgt vom Abteilungsleiter. Dann haben wir noch Gruppenleiter, Sachbearbeiter und Stellvertreter. Und zuletzt die Putzfrau.<< >>Und wo stehe ich?<< fragte Schlemihl. >>Ganz unten<<, meinte der Chef, >>noch unter der Putzfrau.<< Schlemihl fügte sich seinem Schicksal. Aber er kannte auch seine Fähigkeiten. Länger als eine Woche würde er bestimmt nicht hier arbeiten. Außerdem hatte er einen Plan.

Am nächsten Morgen war sein erster Arbeitstag. Seine neuen Kollegen im Büro begrüßten ihn mit den Worten: >>Hallo, Sie müssen die neue Putzkraft sein.<< Das Betriebsklima war ziemlich frostig. Bei einigen konnte er sogar Ablehnung und Abscheu in den Gesichtern lesen. Das hier war ihr Revier und er war der Eindringling. Jeder hatte wohl Angst um seinen Job und glaubte, er würde ihn verdrängen. Die Ahnungslosen!

Der Abteilungsleiter (sein Chef) zeigte ihm seinen neuen Arbeitsplatz und meinte: >>Sie sind ab sofort für unsere Binnenpost zuständig.<< Entgeistert fragte Schlemihl: >>was ist denn Binnenpost?<< Der Abteilungsleiter: >>das sind alle eingehenden Briefe, die beginnen mit: Wenn Sie nicht binnen einer Woche...<< Dann gab er noch einige mündliche Anweisungen. Nichts schriftliches. Hier mußte Schlemihl aufpassen. Nachdem er sich etwas eingewöhnt hatte, begann sein Plan Gestalt anzunehmen. In der Mittagspause blieb er allein im Büro zurück. Er suchte die Wände und die Decke sorgfältig nach Überwachungskameras ab, konnte aber keine entdecken. Dann besorgte er sich einige leere Scheckformulare und die Unterschrift vom großen Boß. Er wollte täglich üben, bis er die Unterschrift perfekt nachahmen konnte.

Nach der Pause widmete er sich wieder der Binnenpost. Ihn überraschte die Menge, aber da er erst einen Tag hier war, konnte er das noch nicht beurteilen. Alle 10 Minuten kam der Abteilungsleiter vorbei und fragte, wie er denn vorankomme. Schließlich blieb der sogar hinter ihm stehen und gab ihm Ratschläge. Der ging ihm ganz schön auf die Nerven. Hatte der nichts zu tun? Nun meinte der Abteilungsleiter: >>sehen Sie, bei uns ist es wie im Paradies.<< >>So<<, meinte Schlemihl, >>man kann also jeden Moment rausgeschmissen werden.<< Irritiert wandte der Abteilungsleiter sich ab und zog sich in sein Büro zurück.

Zehn Minuten vor Feierabend lehnte sich Schlemihl zurück um kurz zu entspannen. Prompt kam der Abteilungsleiter und brachte ihm neue Post. Er meinte: >>das schaffen Sie noch bis Feierabend.<< Das machte er nun täglich so und Schlemihl kam schnell darauf, daß er nicht sein Freund war. Gleich am nächsten Morgen gab er Schlemihl zu verstehen, wie entbehrlich er für die

Firma sei. Das stärkte die Motivation unglaublich. Schlemihl blieb ruhig und übte fleißig weiter Unterschriften. Kurz vor Mittag kam der Abteilungsleiter an seinen Schreibtisch und motzte ihn an: >>ich habe Sie überall gesucht. Wo waren Sie denn?<< Entrüstet antwortete Schlemihl: >>ich habe den ganzen Vormittag am Schreibtisch gesessen und gearbeitet.<< >>Das kann doch keiner ahnen<<, meinte der Abteilungsleiter und rauschte davon.

Am nächsten Morgen hatte sich Schlemihl etwas verspätet, war aber trotzdem noch vor den Kollegen da. Der Abteilungsleiter eilte auf ihn zu und sagte mit falscher Herzlichkeit: >>gratuliere, so früh sind Sie noch nie zu spät gekommen.<< Er zeigte ihm auch gleich, was für eine schlechte Laune er hatte. So hatte Schlemihl den ganzen Tag Zeit, sich seiner Laune anzupassen.

So vergingen einige Tage. Schlemihl hätte nicht erwartet, daß er es so lange aushalten würde. Aber es hatte auch einen Vorteil, seine Unterschriften wurden immer besser. Nun begann sein Chef auch noch täglich seine Anweisungen zu ändern. Schlemihl brauchte ja nicht zu wissen, was morgen richtig oder falsch war.

Dann hatte es ihn doch erwischt. Er mußte wegen einer Erkrankung einen Tag zu Hause bleiben. Am nächsten Tag war er zwar noch nicht gesund, quälte sich aber trotzdem ins Büro. Er befürchtete, daß jemand die Scheckformulare und die Unterschriftensammlung in seinem Schreibtisch entdecken könnte. Er hatte die Sachen aus Versehen dort gelassen. Aber alles war unberührt. Schon kam sein Chef auf ihn zu und schnauzte ihn an: >>warum haben Sie gestern gefehlt?<< Es war ihm tatsächlich aufgefallen. Schlemihl stotterte: >>Hexenschuß, Chef.<< >>Na, war die Hexe wenigstens hübsch?<< meinte der.

Am nächsten Morgen kam Schlemihl wieder zu spät. Der Chef erwartete ihn bereits: >>warum kommen Sie erst jetzt zur Arbeit?<< Trocken antwortete Schlemihl: >>Sie haben doch gesagt, ich solle meine Zeitung gefälligst zu Hause lesen.<< Der Chef sah ihn an, als ob er den Verstand verloren hätte und ging wortlos weg. Also, Freunde würden die beiden wohl nicht werden. In den folgenden Tagen spitzte sich ihr persönlicher Konflikt zu. Schlemihl ging in das Chefbüro und sagte: >>Chef, ich habe gestern 3 Überstunden gemacht.<< Der antwortete spitzfindig: >>nun, was haben Sie denn gefeiert?<< Dann sprach er weiter: >>ich habe mir mal Ihren Arbeitsplatz angesehen. Wie schaffen Sie es eigentlich, bei Ihrer Arbeit keine Spuren zu hinterlassen? Waren Sie beim Geheimdienst?<<

Dann wurde der Chef versöhnlicher: >>wie ich sehe, bekommen sie langsam eine Glatze?<< >>Sie lassen ja auch kein gutes Haar an mir<<, meinte Schlemihl. Der Chef lachte und sagte: >>sehen Sie in mir nicht den Chef, sondern einen Freund, der immer recht hat.<< >>Gut mein Freund<<, sagte Schlemihl, >>ich habe eine Beschwerde. An meinem Arbeitsplatz ist es ziemlich muffig. Ich brauche dringend eine Klimaanlage.<< >>Eine Klimaanlage?<<, rief der Chef laut, >>wenn es Ihnen zu muffig ist, können wir Sie ja an die Luft setzen.<<

Dieses Gespräch verlief überhaupt nicht nach Schlemihls Geschmack. Er zog sich an seinen Schreibtisch zurück und übte weiter Unterschriften für das große Finale. Schließlich entschied er sich, neue Maßstäbe zu setzen. Er ging zum Buchhalter und verlangte den Boß zu sprechen. Der Buchhalter wies ihn ab: >>Sie können jetzt nicht zum Boß, er hat alle Hände voll zu tun.<< >>Natürlich<<, sagte Schlemihl, >>er hat ja eine neue Sekretärin.<< Der Buchhalter tat so, als ob er es nicht gehört hätte und fragte jovial: >>na, macht Ihnen ihre Arbeit Spaß?<< Schlemihl konterte: >>so gut kann keine Arbeit bezahlt sein, daß sie auch noch Spaß macht.<< Gnädig ließ der Buchhalter ihn gehen.

Eines Tages traf er ihn doch. Den großen Boß. Es war im Fahrstuhl. Schlemihl sprach ihn an: >>ich freue mich, endlich den großen Boß kennenzulernen. Ich habe schon viel von Ihnen gehört.<< Der sah ihn an, wie ein Professor seine Laborratte ansieht, dann ließ er sich zu einer Antwort herab: >>so, so, Sie haben schon viel von mir gehört? Aber können Sie auch irgend etwas beweisen?<< Dann verließ er den Fahrstuhl und Schlemihl sah in nie wieder.

Einen jüngeren Kollegen fragte Schlemihl, wo er die fertige Arbeit hintun sollte. Der deutete wortlos auf den Mülleimer. Dann wurde er etwas zugänglicher und gab Schlemihl einen Tip: >>streue dem Chef Niespulver auf den Schreibtisch. Wenn er niesen muß kannst du im jedesmal Gesundheit wünschen. Das macht Eindruck.<< In den letzten Tagen war Schlemihl jedoch mißtrauisch geworden und verzichtete deshalb auf diesen Rat.

Aber einige Erkenntnisse hatte er schon gewonnen. Man muß nicht dumm sein, um hier zu arbeiten, aber es hilft. Dein Chef macht nichts falsch, wenn er doch mal was falsch macht sagen alle, es war richtig. Dein Chef muß ein Tierfreund sein, er macht dich täglich zur Sau. Hier geht's manchmal zu wie im Irrenhaus, aber dort ist wenigstens der Chef normal.

Doch das Betriebsklima änderte sich. Plötzlich geschahen merkwürdige Dinge. Schlemihl bekam keine Essenmarken mehr mit der Begründung: Das Kantinenessen macht ihn nur fett und unbeweglich. Die Kollegen lachten nicht mehr über seine Witze, sondern spuckten ihm vor die Füße. Seine Gehaltsabrechnung hing öffentlich am schwarzen Brett aus. Sein Schreibtisch stand eines Morgens im Abstellraum und vom Betriebsausflug erfuhr er erst am Tag danach. Als er mal vor Erschöpfung am Schreibtisch eingeschlafen war, hatten ihn die Kollegen am Tisch festgetackert. So langsam machte er sich Sorgen. Ging es mit der Firma etwa abwärts? Ein Indiz dafür war auch, daß sich die Binnenpost verdoppelt hatte.

An einem Morgen war es soweit. Die Kollegen begrüßten ihn mit den Worten: >>was machen Sie denn noch hier?<< Kurz danach kam der Chef auf ihn zu und fragte: >>wie lange arbeiten Sie schon bei uns? Morgen nicht mehr mitgezählt.<< Dann überreichte er Schlemihl die Kündigung. Alle Kollegen hatten darauf unterschrieben.

Schlemihl räumte seine Sachen zusammen und ging noch einmal zum schwarzen Brett. Dort stand in großen Buchstaben: Wer keinen Humor hat, sollte hier nicht arbeiten. Er schrieb darunter: Wer Verstand hat, auch nicht. Daneben war ein Bild vom großen Boß und der Hinweis: Dieser Mann ist unser Vorbild. Er schrieb darunter: Bilder hängt man auf.

Nun packte er seine wenigen Sachen zusammen und vergaß auch nicht die Scheckformulare. Inzwischen beherrschte er die Unterschrift vom Boß perfekt. Als er das Büro verließ, hörte er von seinen Kollegen schallendes Gelächter. Seinen Mantel hatten sie bereits auf die Straße geworfen. Die würden sich noch wundern.

Am nächsten Morgen begann er die geklauten Scheckformulare auszufüllen und sauber zu unterschreiben. Das war sein großer Tag. Auf sein Werk war er richtig stolz. Bevor er zur Bank ging, um die Schecks einzulösen, fiel sein Blick auf die Tageszeitung. Auf der Titelseite stand etwas über seinen ehemaligen Arbeitgeber. Die Firma war insolvent und hatte Konkurs angemeldet.

So ein Mist. Da hatte er nun wochenlang die Unterschrift vom großen Boß geübt und nun, wo er sie perfekt beherrschte, ist die Firma Pleite gegangen. Sein Blick fiel auf den Kalender. Es war wieder Freitag der 13.

*

# Spitznamen und Spitzbuben

*Woher kommen eigentlich Spitznamen wie Nachtkrabb, Socken, Putzwoll, Panama, Mampfer, Salzweck, Struwwelich, Rettich-Peter, Hannadel, Abbat, Burde oder Ries? Waren das früher vielleicht Spitzbuben?*

Beim Durchblättern der Zeitung vom Samstag blieb Schlemihl auf der Seite mit den Geburtsanzeigen hängen. Gewöhnlich übersprang er diese Seite, weil ihn Größe und Gewicht der neuen Erdenbürger nicht interessierten. Dieses mal blieb er aber bei den Namen hängen. Bei ungewöhnlichen und seltsamen Namen. Da las er: Aina, Alia, Arite, Maimuna, Sede, Skadi, Cinya, Madita, Eylin, Nele, Sina, Binta, Stina. Das waren dann doch wohl Mädchennamen. Bei den Jungen war es nicht so schlimm, aber auch hier waren seltsame Namen dabei: Amatus, Jotam, Ribo, Tomke, Yorick, Adis, Fokko, Mert, Oke, Reik, Tjalf und Welf. Er fing schon an zu zweifeln, hatte er wirklich eine deutsche Zeitung? Oder hatte er etwa ein Möbelprospekt erwischt? Waren das vielleicht Namen für Stehlampen von IKEA? Ein Blick auf die Titelseite beseitigte seine Zweifel, es war seine Tageszeitung.

Schön, manchmal werden Kinder nach Promis benannt. Das konnte er noch verstehen. Kevin/Kevin Kostner, Boris/Boris Becker, David/David Beckham oder Dustin/Dustin Hofmann. Und bei den Mädchen: Jennifer/Jennifer Lopez, Viktoria/Viktoria Prinzipal oder Jessica/Jessica Fletcher. Diese Namen kann man nachvollziehen.

Was aber manche Prominente ihrem Kind antun, ist schon schlimm. Ob sich die Mutter, die ihren Sohn San Diego nannte, tatsächlich darüber Gedanken machte, was sie damit anrichtet? Was diesen Jungen im Kindergarten und in der Schule erwartet, kann man sich vorstellen. Kinder sind grausam. In Schlemihls Jugendzeit war das alles viel einfacher. Aber besser war es deshalb nicht. Da gab es Vornamen, aus denen wurden Spitznamen, die man ein Leben lang behielt. Einige Beispiele: Alexander/Alex, Anton/Toni, Eduard/Ede, Georg/Schorsch, Theodor/Theo, Ulrich/Uli. Und wer Pech hatte bekam den Namen Karl. Sein Leben lang war er nun der Karle. Ein Bekannter wurde auf den Namen Richard getauft. Als kleiner Bub hatte er Schwierigkeiten, den Namen richtig auszusprechen. Wenn er nach seinem Namen gefragt wurde sagte er statt Richard "Igatt". Schon hatte er seinen Spitznamen und so, wie es aussieht, behält er ihn auch für sein ganzes Leben.

Dann gab es Namen, aus denen wurden zwar auch Spitznamen, aber im Alter wieder die ursprünglichen. Einige Beispiele: Bernhard/Bernie/Bernhard, Christoph/Stoffel/Christoph, Dietmar/Didi/Dietmar, Manfred/Manne/Manfred, Paul/Paule/Paul, Richard/Richie/Richard, Rudolf/Rudi/Rudolf. Diese mußten wenigstens nicht das ganze Leben unter ihrem Spitznamen leiden.

Bei Mädchen war es ähnlich: Barbara/Babs, Charlotte/Lotte, Corinna/Conny, Dolores/Dolly, Hildegard/Hilde, Katherina/Katrin, Rosemarie/Rosi, Stephanie/Steffi, Susanne/Susi, Ursula/Uschi, Viktoria/Vicky.

Nicht viel besser ging es Brigitte mit Gitte, Elisabeth mit Betty, Gertrud mit Trude, Hermine mit Mine, Martina mit Tina, Michaela mit Michi, Sabine mit Biene, Ulrike mit Uli und Waltraud mit Traude.

Einige Vornamen sollte man aber nicht vergeben: *Joseph*. Aus *Joseph* wird *Sepp* und auf *Sepp* reimt sich *Depp*. In der Schule heißt es dann "da kommt der *Sepp* der *Depp*". Das sollte man seinem Kind ersparen. Aus *Philipp* wird *Fips* und das reimt sich auf *Grips* oder *Gips*.

Ebenfalls ungeeignet sind: *Bobo, Bubu, Brutus, Felix, Hansi.* Bobo und Bubu sind Namen für Affen und nicht für Menschenkinder. Brutus ist ein Name für einen Hund. Felix heißt praktisch jedes Meerschweinchen und Hansi jeder Wellensittich. Auch bei Kosenamen sollte man im Interesse der Kinder vorsichtig sein. Kosenamen wie: Stoffel, Dickerle, Mops, Stinker, Scheisserle oder Schlamperle sollte man spätestens ab dem Kindergarten nicht mehr verwenden. Der Schaden für das Kind ist nicht absehbar. Sowohl im Kindergarten, als auch in der Schule. Solche Namen geben Mitschülern Anlaß zu Spötteleien und Sticheleien.

Ein anderes Thema sind Spitznamen, die mit dem eigentlichen Namen nichts zu tun haben. Sie beziehen sich auf körperliche Merkmale, Eigenarten, Gewohnheiten und Unarten. Die meisten, die mit einem solchen Spitznamen bedacht wurden, waren darüber nicht glücklich.

Eine Bekannte vom Schlemihl hatte einen kleinen Jungen. Dieser wollte sich einfach nicht die Zähne putzen. Deshalb fragte sie Schlemihl um Rat. Ein weiser Entschluß. Schlemihl riet ihr, den Jungen solange *Fauli-Mauli* zu nennen, bis der sich freiwillig 3 mal täglich die Zähne putzte. Das funktionierte tatsächlich und die Mutter mußte diesen bösen Ausdruck nun nicht mehr verwenden. Leider zu spät. Die Spielkameraden hatten es bereits mitbekommen und nannten ihn auch weiterhin *Fauli-Mauli*. Mit 20 Jahren hatte er ein perfektes Gebiß und immer noch seinen Spitznamen. Auch mit 50 Jahren wird sich das nicht geändert haben. Aber dann weiß keiner mehr, wie es zu diesem Namen gekommen ist. So ist das mit Spitznamen. Irgendwann weiß keiner mehr, woher der Name eigentlich kommt, aber trotzdem wird man ihn nicht los.

Aber, wie war das eigentlich früher mit den Namen und Spitznamen. Wenn einer sehr kurze Haare, den sogenannten Igelschnitt hatte, wurde er Mecky genannt. Diesen Spitznamen behielt er sein ganzes Leben. Auch wenn ihm später die Haare bis zum Boden wuchsen. Einmal Mecky - immer Mecky.

Hier hatte Schlemihl ein gutes Thema für eine Studie. Damit konnte er sich in den nächsten Tagen ausführlich beschäftigen. Aber, wo sollte er anfangen? Bei den Nachbarn? Die hatte er doch alle schon verärgert. Bei den Verwandten? Wenn die ihn sehen, denken sie, er will sie anpumpen und verstecken sich. Oder bei seinen Freunden? Er hatte doch gar keine. Dann kam ihm die Erleuchtung. Natürlich, der Friedhof. Dort würde er genug Material für seine Studie finden.

Mit Gottvertrauen machte er sich auf den Weg. Aber, wo war der Friedhof eigentlich? Nach logischem Nachdenken kam er darauf. Früher hatte man die Friedhöfe nicht in den Tälern, sondern auf der Höhe angelegt. Das war nicht wegen dem schönen Talblick, sondern wegen dem jährlichen Hochwasser. Aber auf welcher Höhe war der Friedhof nun?

Schließlich fragte er einen älteren Mitbürger. Der war bestimmt schon mal dort, zum Probeliegen, der mußte es wissen. >>He Alter<<, sprach er ihn an, >>wie komme ich am schnellsten auf den Friedhof?<< >>Am schnellsten geht es<<, meinte der Senior, >>wenn du noch einmal "He Alter" zu mir sagst.<< Hoppla, dachte er, hier bin ich richtig, aber erst sollte er sich vielleicht entschuldigen (eine Seltenheit bei ihm). Mit einiger Überwindung quetschte er eine Entschuldigung heraus. Schon wurde der Alte versöhnlicher und beschrieb ihm den kürzesten Weg. Tatsächlich fand Schlemihl den Friedhof sofort. Der Alte hatte ihn nicht verarscht. Hätte den Schlemihl jemand nach dem Friedhof gefragt, er hätte ihn wahrscheinlich zum Schlachthof geschickt. Ja, die Welt ist schlecht.

Er bewaffnete sich mit einem großen Notizblock und betrat das unbekannte Gelände. Zuvor klaute er jedoch einige Blumen, die er nun offen in der Hand hielt. Zur Tarnung. Dann begannen seine Nachforschungen. Das Ergebnis war mehr als dürftig. Die meisten Gräber waren schon nach 25 Jahren abgeräumt worden. Manche schon nach 15 Jahren. Die ältesten waren noch die Familiengräber. Die Grabsteine enthielten aber wenige Informationen. Nur, daß in manchen Familien drei Generationen denselben Vornamen hatten.

In anderen Ländern, zum Beispiel in Irland, werden die Gräber nicht abgeräumt. Da bleiben die Verstorbenen Jahrhunderte im Boden. Und wenn ein Friedhof voll ist, wird einfach ein neuer angelegt. Bei seinen Irlandreisen hatte er Gräber gesehen, da waren die Grabkreuze schon über 500 Jahre alt. Die steinernen Hochkreuze waren bereits so verwittert, daß man die eingemeißelten Namen nicht mehr entziffern konnte. Die kleine Ortschaft, in der er übernachtete, hatte schon 3 Friedhöfe.

Aber, wir wollen nicht vom Thema abschweifen. Mit dem Ergebnis seiner Friedhofstour war er jedenfalls nicht zufrieden. Wo sollte er nun weitersuchen? Eigentlich konnte er nur noch einen älteren Einheimischen befragen. Am Besten einen Stammtischler. Dazu mußte er sich jedoch verkleiden. Erkannte man ihn, würde er wohl nichts erfahren. Entsprechend verändert, besuchte er nun die einschlägigen Lokale am Ort. Bald fand er auch einen älteren Stammtischler, der sich noch an die Namen und Spitznamen erinnern konnte.

Es kostete ihn einige Viertel billigen Wein, dann begann sein Informant zu erzählen. Dabei machte Schlemihl eifrig Notizen. Zunächst erfuhr er, daß früher die Namen Maier, Müller und Schmidt sehr häufig vorkamen. Um die Betroffenen zu unterscheiden, setzte man vor den Namen den Beruf oder ein anderes Merkmal. Bei Maier waren das zum Beispiel: *Schuster-Maier, Schreiner-Maier, Auto-Maier, Sprudel-Maier.* Dann gab es noch *Gaswerk-Maier, Trauring-Maier, Schlau-Maier, Schreier-Maier, Lehrer-Maier, Porsche-Maier* und der *Einfüßige-Maier.*

Bei Müller war es ähnlich. Da gab es *Bäcker-Müller, Schneider-Müller, Maler-Müller, Viech-Müller* und

*Jäger-Müller.* Unvergeßlich sind auch *Ranzen-Müller* und *Drecksau-Müller.* Heute gibt es sogar einen *Freibad-Müller.*

Bei Schmidt ist es nicht so spektakulär. Da haben wir *Bäcker-Schmidt, Metzger-Schmidt, Blechner-Schmidt, Maurer-Schmidt, Glaser-Schmidt, Maler-Schmidt, Amtmann-Schmidt, Tambour-Schmidt.* Heute sind solche Namen nicht mehr üblich. Eigentlich ist das schade. Sein Informant war immer noch gesprächig und kaum zu bremsen. Aber nun wollte er doch etwas über die Spitznamen erfahren. Also investierte er noch in einige Schnäpse. Mit Erfolg. Der Informant verriet ihm die ältesten Spitznamen: "Holzwurm", "Hexenbeck", "Wefzenkönig", "Kriminaler", "Bananen-Wilhelm", "der dicke Emil", "Langer Samstag", "Mampfer", "Lokomotive", "Socken", "Charmant", "Rettich-Peter", "Struwwelich", "Ische", "Salzweck", "Kopfhoch", "Schick", "Wasser", "Specker", "Geißbock", "Waidag", "Bobbel", "Nachtkrabb", "Deichgraf", "Felsenkönig".

Aha, dachte er, das war's also. Da zählte sein Informant weiter auf: "Hannadel", "Abbat", "Burde", "Ries", "Propfer". Dann hörte der plötzlich zu sprechen auf und deutete auf sein leeres Glas. Schlemihl verstand den Hinweis und sorgte für Nachschub. Nun verriet der Informant ihm auch die Spitznamen von einigen Frauen: "Hexe", "Hex", "Schwarzwurzel", "Schüssel", "Besen", "Feuermelder", "Salatwalze", "Dampfwalze", "Vollmond", "Waggele", "Katzenmutter".

Für die neueren Spitznamen interessierte er sich aber auch. Schon legte der Informant los: "Jägermeister", "Hasen-Otto", "Mulle", "Schorle", "Neger", "Knochen", "Mambo", "King-Kong", "Klara", "Golo", "Neandertaler", "Stumpenkarle", "Nasenbär", "Tarzan", "Malefitze", "Froschi", "Rucksäckle", "Lompemännle", "Vadder", "Bruddler", "Rocky-Waschbär". Zuletzt landete der Informant auch noch beim Sport: "Putzwoll", "Wacholder", "die weiße Orchidee", "Panama", "Boxer", "Django", "Molle."

Und dann noch der kürzeste Spitznamen "WHW" sprich WeHaWe. Das bedeutete nichts anderes, als Waldhornwirt.

Offenbar hatte früher jeder einen Spitznamen, nur sein Informant nicht. Oder er hatte ihn verschwiegen? Inzwischen gingen dem Informanten auch die Namen aus und Schlemihl das Geld. Aber er hatte genug Stoff für seine Studie.

Spitznamen haben Vorteile. Wenn über jemanden gesprochen wird, weiß man sofort, wer gemeint ist. Ohne lange Erklärungen. Für die Betroffenen ist das kein Nachteil. Das Besondere am Spitznamen ist, daß man ihn ein Leben lang behält. Was man auch unternimmt, Namen ändern oder auswandern, nützt nichts. Den Spitznamen wird man nie mehr los.

Auch bei Prominenten sind die Spitznamen dauerhaft. Wenn wir vom "Dicken" oder von der "Birne" sprechen, weiß jeder, wer damit gemeint ist. Oder wer kennt nicht "Doktor Eisenfaust" oder "Bobbele". Der Wunderläufer Emil Zatopek hatte den Spitznamen "Lokomotive" und der französische Tennisspieler Rene Lacoste wurde wegen seiner Ausdauer "Krokodil" genannt. Daraus wurde sogar eine Weltmarke im Textilbereich.

Und wer kennt nicht die Fußballer: "Tante Käthe" Völler, "Ente" Lippens, "Bomber" Müller, "Ungeheuer" Hrubesch, "Kaiser" Franz, "Boss" Ran, "Eisenfuß" Höttges oder "Wadenbeißer" Vogts? Oder "die Walz von der Pfalz" Hans-Peter Briegel.

Während seiner Studien traf Schlemihl auch ein befreundetes Ehepaar. Diese erwarteten Nachwuchs und suchten dafür einen geeigneten Vornamen. Deshalb hatten sie auch schon beim Buddhistischen Standesamt – Pardon – beim Statistischen Bundesamt nachgefragt. Sie konnten sich aber nicht entscheiden. Hilfreich, wie Schlemihl nun mal war, machte er einige Vorschläge. Wenn eine Prominente ihren Sohn San

Diego nennen darf, wie wäre es dann mit: *Santiago, El Paso, Alamo Gordo, Tai Peh, Rawal Pindi, Don Diego, El Mondo, Los Salinas, El Dorado, Anda Lusia* oder *El Diablo*? Eigentlich gefiel ihnen nur der letzte Name, *El Diablo*. Schlemihl war aber noch nicht fertig. Aus der griechischen Mythologie gab es doch auch noch Beispiele. Für Jungen: *Helios, Hyperion, Kronos, Pontos, Uranos*. Für Mädchen: *Aphrodite, Artemis, Athena, Demeter, Hekate, Rhea, Selene, Tethys*. Wofür sie sich letztlich entschieden, erfuhr er nicht. Wahrscheinlich wählten sie einen wie Kevin, Dennis, Lukas, Sven, Martin oder David. Aus diesen kann man keine Spitznamen machen.

Nach Abschluß seiner Studie hatte er eine lange Liste mit Vornamen angelegt. Als er dann wieder mal die Samstagszeitung studierte las er plötzlich Namen wie Otto, Karl, Hermann, Fritz, Else und Amalia. Was war passiert? War ein Wunder geschehen? Da bemerkte er, daß er auf den Seiten mit den Todesanzeigen gelandet war.

Am nächsten Tag startete er sein persönliches Gesundheitsprogramm "Fit durch Wandern" und besuchte alle Häuser im Ort. Dort studierte er die Namensschilder und verglich die Namen mit seiner Liste. Das Ergebnis überraschte selbst Schlemihl. Die häufigsten Namen die er ablesen konnte waren: Erkan, Öczan, Özdemir und Emel. Die waren auf seiner Namensliste überhaupt nicht vorhanden. Und auf seiner Liste waren immerhin mehr als 1000 Vornamen.

*

# Schlemihl im Tierpark

*Alle Jobs haben eines gemeinsam.*
*Sie müssen gemacht werden. Und*
*zur Tierpflege gehört nicht nur füt-*
*tern, sondern auch ausmisten.*

Beim öffnen der Tageszeitung fiel Schlemihl ein Prospekt entgegen. Wieder ein Möbelprospekt, dachte er, und wollte es wegwerfen. Da fiel sein Blick auf einige Tiere, die abgebildet waren. Er sah sich den Prospekt genauer an und stellte fest, er war vom Tiergarten der benachbarten Großstadt. Auf der Vorderseite stand in großen Buchstaben: "Besuchen Sie unseren Tiergarten. Hier können Sie Tiere sehen, die es gar nicht gibt." Ganz unten, am Rand des Prospektes, bemerkte er einen Aufruf der Verwaltung. Sie hatte Bedarf an Tierpflegern und Interessenten sollten sich doch einmal vorstellen. Besondere Ausbildungen oder Fähigkeiten seien nicht erforderlich.

Da er mal wieder ohne Arbeit war, zog er diesen Aufruf in die engere Wahl. Nun, er war seit langer Zeit in keinem Zoo mehr gewesen. Genau genommen, war er eigentlich noch niemals in einem Zoo gewesen. Aber im Fernsehen hatte er schon einige Tiersendungen und auch Sendungen aus den großen Zoos dieser Welt gesehen. Das würde als Qualifikation schon ausreichen.

Am nächsten Morgen setzte er sich in die Bahn und fuhr in die betreffende Stadt. Gleich gegenüber vom Hauptbahnhof war der Eingang zum Tiergarten. Die nette junge Dame im Kassenhäuschen wollte Eintrittsgeld von ihm. Er versuchte zu erklären, daß er eigentlich beruflich hier sei, stieß aber auf Unverständnis. Schweren Herzens trennte er sich von Fünf Euro und durfte nun sein zukünftiges Arbeitsgebiet betreten. Es war noch sehr früh und er war offensichtlich der erste Besucher. Damit stiegen seine Chancen auf einen Job in diesem Tiergarten spontan.

Gleich hinter dem Kassenhäuschen stand ein Kiosk, in dem Futter für die Tiere verkauft wurde. Er verzichtete darauf, denn seine Großzügigkeit hat schon ihre Grenzen. Zehn Meter weiter sah er ein Schild mit der Aufschrift "Das füttern der Tiere ist strengstens verboten." Seine Entscheidung war also richtig. In Gedanken klopfte er sich selbst auf die Schulter. Nun kam er vorbei am Grabmal des unbekannten Vogels und sah in einer Voliere zwei ausgewachsene Geier. Die beiden fixierten ihn intensiv. Schlemihl kam sich vor, wie auf einem Seziertisch. Vor der Voliere stand nachdenklich ein Tierpfleger. Schlemihl quatschte ihn an: >>warum machen die Geier denn so dumme Gesichter?<< Der Tierpfleger knurrte, ohne sich umzudrehen, >>weil noch kein Aas da ist.<< Schlemihl ließ diesen unhöflichen Burschen stehen und ging schnell weiter.

Auf einem freien Platz stand ein seltsames Tier. Es hatte hinten und vorne einen Schwanz. Davor stand ein anderer Pfleger mit einem Wasserschlauch und spritzte es ab. Schlemihl fragte ihn neugierig: >>was ist das für ein merkwürdiges Tier, das hinten und vorne einen Schwanz hat? So etwas habe ich noch nie gesehen.<< Der Pfleger drehte sich um, sah den Schlemihl zweifelnd an und meinte: >>das ist ein Elefant, Sie Idiot.<< Offensichtlich hatte er schlechte Laune. Außerdem spritzte er Schlemihl beim umdrehen naß. Da war er aber an den Falschen geraten und Schlemihl motzte ihn an: >>warum sind Sie so schlecht gelaunt?<< Nun tat es ihm leid und er beschwichtigte: >>ach, wissen Sie, unser größter Elefant ist gestern gestorben.<< >>Aber, da wird doch sicher wieder ein neuer angeschafft<<, meinte Schlemihl. >>Natürlich<<, sagte der Pfleger, >>aber ich muß nun das Grab für den alten schaufeln.<< Inzwischen war der Elefant neugierig herangekommen und tastete mit seinem Rüssel in Schlemihls Jackentasche. Wahrscheinlich suchte er nach Kleingeld. Schlemihl ging schnell weiter.

Der Weg machte einen Bogen und er sah auf der Wiese einige Tiere mit Streifen. Er fragte einen Wärter: >>sind das Riesenwespen?<< Der sah ihn an und antwortete: >>nein, Zebras<<, dabei tippte er sich gegen die Stirn. Er hielt Schlemihl wohl für einen Verrückten. Dabei hatte der doch nur einen Scherz gemacht. Natürlich kann er ein Zebra von einer Riesenwespe unterscheiden. Er ging zum nächsten Gehege und kam an einem Schild vorbei. Auf dem stand "frisch gestrichen". Da hörte er hinter sich plötzlich einen Tierpfleger aufgeregt rufen: >>schnell, holt die Zebras rein, es beginnt zu regnen.<< Da wurde er doch nachdenklich. Er dachte immer, die Streifen seien echt.

Im nächsten Gehege waren wieder Zebras. Er sah eine Weile zu, dann ging er zum Tierpfleger und beschwerte sich: >>da stimmt etwas nicht. Die Zebras sind doch viel zu klein und haben Punkte statt Streifen. Und eines hat eben gebellt.<< Der Pfleger deutete wortlos auf ein Schild. Darauf stand groß "Hyänen". Was er damit wohl meinte?

Inzwischen hatte der Regen zugenommen und Schlemihl wurde es auch ungemütlich. Deshalb suchte er nach dem Affenhaus. Für die nächsten Verwandten der Menschen interessierte er sich, konnte sie aber nicht finden. Dafür sah er einen Angestellten vorbei rennen, den konnte er fragen. Er rief ihm zu: >>haben sie hier auch Affen?<< >>Einen Augenblick<<, meinte der Angestellte, >>ich kann ja eben mal den Chef holen.<< >>Nicht nötig<<, sagte Schlemihl schnell und ließ sich das Affenhaus zeigen. Nun wurde der Angestellte etwas zugänglicher: >>nächste Woche bekommen wir einen Halbaffen aus Madagaskar.<< Da konnte sich Schlemihl eine Bemerkung nicht verkneifen: >>nanu, hat das Geld für einen ganzen nicht gereicht?<< Der Angestellte hatte Humor und brachte Schlemihl zu seinem Ziel. Dann meinte er: >>hier sehen Sie Gorillas und Schimpansen. Und wenn Sie genau schauen, sehen Sie vielleicht auch Ihre Eltern.<< Dann fuhr er fort mit seinen Belehrungen:

>>wußten Sie das, Affen schreien fast genauso wie Menschen. Haben Sie das schon mal gehört?<< >>Nein<<, sagte Schlemihl erbost, >>schreien Sie doch mal<<, und ging weiter. Der Regen hatte wieder nachgelassen und er suchte das Verwaltungsgebäude. Das fand er dann auch tatsächlich ohne Hilfe. Plötzlich kamen Männer mit Fangstöcken und einem Netz über eine Wiese direkt auf ihn zu gerannt. Ihm wurde etwas mulmig und er ging schnell ins Haus. Am Empfang saß ein älterer Mann mit zerfurchtem Gesicht und tiefen Stirnfalten. Schlemihl wollte höflich sein und sagte: >>kennen wir uns nicht?<< Der Alte antwortete: >>schon möglich, ich war hier bis vor wenigen Monaten Affenpfleger.<< Gleich darauf tat ihm seine Bemerkung aber leid und als er Schlemihls Wunsch hörte schickte er ihn auch gleich zum Direktor.

>>So<<, meinte der Direktor, >>Sie möchten also als Tierpfleger bei uns arbeiten.<< >>Ja<<, antwortete Schlemihl, >>am Liebsten wären mir Tiere, die nicht so viel Mist machen.<< >>Tut mir leid<<, meinte der Direktor, >>aber diese Stellen sind bereits vergeben.<< Dann überlegte er kurz und sagte: >>vor 5 Minuten haben wir einen neuen Pfleger für unsere Giftschlangen eingestellt. Wenn Sie also Morgen noch mal vorbeischauen wollen......?<<

Das hatte sich Schlemihl aber alles anders vorgestellt und machte sich auf den Rückweg. Dabei studierte er nicht mehr die Tiere, sondern die Tierpfleger bei Ihrer Arbeit. Einige waren gerade beim Ausmisten. Bei den Wildsäuen karrten sie Schubkarren voll Mist weg. Bei den Steinböcken und Antilopen reichte ein Eimer zum einsammeln der Hinterlassenschaften. Als er aber wieder bei den Elefanten vorbeikam, war er doch schockiert. Manche Haufen waren so groß wie Einfamilienhäuser. Hier wurde ein Radlader für den Mist benötigt. Vielleicht hatte er sich die Arbeit als Tierpfleger doch zu einfach vorgestellt. Aber im Fernsehen hatte er nie ge-

sehen, wie ausgemistet wurde. Er dachte immer, irgendwie wird der Mist schon wegkommen.
Nun überdachte Schlemihl noch einmal alle Optionen für und wieder dem Tierpflegerjob. Dann strich er diese Tätigkeit von seiner Liste möglicher Jobs. Am Ausgang kam er wieder am Kassenhäuschen vorbei. Die nette junge Dame gab ihm ein Blatt zum Ausfüllen. Darauf sollte er das Tier angeben, was ihm am Besten gefallen hatte. Schlemihl notierte: am Besten gefiel mir der flotte Käfer im Kassenhäuschen, der macht den wenigsten Mist. Dann warf er den Fragebogen in eine Box und fuhr nach Hause.

# Ein schöner Abend

*Ein schöner Abend zu zweit oder ein Besuch im Kino? Man gönnt sich ja sonst nichts.*

Ein Abendlüftchen wehte über die Terrasse und brachte den Duft der blühenden Bäume herüber. In der Ferne hörte man sanfte Töne einer immer wiederkehrenden Melodie. Unsere südländischen Mitbürger beglückten uns mit ihrer Folklore. Die sinkende Sonne, groß und dunstigrot, warf purpurnes Licht in die Straße. Alles sprach für einen gemütlichen Abend. Schlemihls Gefährtin seufzte: >>das ist so schön, ich muß gleich weinen.<< Schlemihl zerstörte die Idylle: >>ich muß gleich kotzen.<<

Nachdem sie so brutal in die reale Welt zurückgeholt wurde, meinte Schlemihls Gefährtin: >>meine Verwandten haben angerufen, sie können heute nicht kommen.<< >>Das sind mir die liebsten Verwandten<<, sagte er erfreut. Spontan wechselte sie das Thema. Das war eine ihrer Spezialitäten. Sie deutete sie auf Schlemihls Apfel und fragte: >>warum ißt du eigentlich einen faulen Apfel?<< Er antwortete: >>als ich damit anfing, war er noch gut.<<

Für eine Weile verstummte sie, dann fing sie mit dem Urlaub an: >>wir könnten doch auch mal an die Ostsee fahren. Die Seeluft soll sehr gesund sein.<< >>Ich hänge dir einen Salzhering vor den Ventilator, dann hast du Seeluft genug<<, antwortete er. Sie sah ihn giftig an und er fuhr fort: >>du redest immer von Urlaub. Wir haben noch nicht einmal Geld zum Daheimbleiben.<< Nun wurde sie giftiger: >>ich habe ja eine Sparbüchse. Sie ist ein Schwein, so wie du. Sie hat zwei Schlitze. Hinten einen fürs Papier und vorne einen fürs Harte. Du kannst ja mal reinschauen, sie steht im Wohnzimmerschrank.<<

Um die Wogen wieder etwas zu glätten meinte er: >>wir könnten ja mal wieder in die Disco gehen?<< >>Auf keinen Fall<<, meinte sie, >>ich gehe in keine Disco mehr.<< >>Warum nicht?<< >>Weil ich beim letzten Mal den Türsteher sagen hörte: oh Gott, jetzt kommen die schon zum Sterben hierher.<< >>Also, gut<<, sagte er, >>gehen wir ins Kino.<<

Bald darauf saßen sie auch schon im Filmtheater. Im Vorprogramm gab es einen Kulturfilm. Ein Pianist saß mit dem Rücken zum Publikum und klimperte vor sich hin. Die Gefährtin flüsterte: >>ist das Beethoven?<< Schlemihl flüsterte zurück: >>weiß ich doch nicht, warte halt, bis er sich umdreht.<< Endlich begann der Hauptfilm. Da wurden Menschen von Killerrobotern gefressen. Schlemihl hatte sie angelogen und behauptet, es sei ein Liebesfilm.

Der Mann neben ihm hatte den Film schon einmal gesehen und erzählte ihm ständig die Handlung. Das war erstaunlich, denn der Film hatte überhaupt keine. Für Unterhaltung sorgte seine Begleiterin die ständig am meckern war: >>mir gefällt der Film nicht. Wo bleiben die Liebesszenen? Und die Akustik ist auch schlecht.<< Schlemihl raunte: >>jetzt, wo du das sagst, rieche ich es auch.<<

Inzwischen war ihm auch langweilig geworden und er begann mit der Chiptüte zu rascheln. Dann rollte er seine Coladose unter dem Sitz nach vorn. Die schaffte es fast bis zur Leinwand. Schließlich warf er auch noch Popcorn nach allen Seiten. Nachdem das alles wirkungslos blieb, lehnte er sich zurück und schloß die Augen. Seine Begleiterin nörgelte pausenlos weiter, bis sie bemerkte, daß er eingeschlafen war. Jetzt hatte sie genug und zerrte ihn zum Ausgang. Den fand sie sogar im Dunkeln.

Auf dem Heimweg wurden sie von einem jungen Mann angesprochen. Er wollte ihnen wohl ein Messer schenken. Schlemihl blieb cool und semmelte ihm eine rein. Da kam auch schon eine Polizeistreife mit Schäferhund. In der Nacht eine Sensation. Normalerweise sieht man solche Streifen nur am Nachmittag, wenn viele Menschen unterwegs sind.

Als sie endlich zu Hause waren, bekamen sie noch Hunger. Kochen wollte die Gefährtin aber nicht mehr und meinte: >>wir machen es wie die anderen, wir bestellen eine Pizza.<< >>In Ordnung<<, sagte Schlemihl, >>frage aber, ob man die Pizza auch mieten kann. Und frage auch, ob wir den Pizzakarton behalten dürfen.<< Die Antwort, die er bekam, war nicht mehr druckreif.

# Doktor Mohrenkopf

*Wenn man Mohrenkopf hört, denkt man an etwas Süßes. Aber es gibt auch Mohrenköpfe, die können einem sauer aufstoßen.*

Heute war Schlemihl gut gelaunt. Fröhlich vor sich hin pfeifend trat er aus der Haustür. Er machte einen tiefen Atemzug und genoß die frische und kühle Morgenluft. Da wurde er fast von seinem Nachbarn Anton, dem Schlimasl, umgerannt. >>Wohin rennst du denn so hastig?<< rief Schlemihl. >>Zum Arzt<<, rief Anton zurück, >>meine Gefährtin gefällt mir nicht. >>Warte<<, rief Schlemihl erneut, >>ich komme mit, meine gefällt mir auch nicht.<<

Unterwegs schlug Schlemihl vor: >>weißt du was, wir lassen uns auch gleich durchchecken.<< >>Ich habe da von einem neuen Arzt gehört, der hat im Zentrum erst neulich seine Praxis eröffnet. Er kommt, glaube ich, aus Bujumbura. Das liegt in Burundi.<< >>Und wo<<, fragte Anton, >>liegt Burundi?<< >>Irgendwo in Afrika<<, antwortete Schlemihl, >>auf jeden Fall ist er schwarz und heißt Doktor Mohrenkopf.<< Anton sah ihn ungläubig an, traute sich aber nicht zu widersprechen.

Schließlich faßte er sich doch ein Herz und fragte: >>ist das ein Facharzt?<< >>Natürlich<<, beruhigte Schlemihl ihn, >>er ist eine der bedeutendsten Kapazitäten auf seinem Gebiet.<< >>Und, was ist sein Gebiet<<, wagte Anton einen Einwand? >>Weiß ich doch auch nicht,<< antwortete Schlemihl und betrat die Praxis. Die hatten sie inzwischen erreicht.

Beim Empfang sagte Schlemihl gleich: >>ich habe Atembeschwerden, bitte machen Sie mir ein EKG. Das hat mir letztes Mal auch geholfen.<< Die Medizinische Assistentin sagte arrogant: >>da könnte ja jeder kommen. Sie müssen sich 3 Wochen vorher anmelden.<< >>Gilt das auch für Notfälle<<, fragte Schlemihl? >>Natürlich<<, meinte sie, >>aber da Sie nun schon mal hier sind, bleiben Sie einfach da. Heute ist es ziemlich ruhig.<< Triumphierend sah Schlemihl seinen Nachbarn an und meinte: >>siehst du, so geht man mit den unteren Angestellten um.<< Dann betrat er das Wartezimmer. Sein Nachbar checkte ein und folgte ihm wie ein treues Hündchen.

Das Wartezimmer sah aus wie ein Seniorencenter und es war gerammelt voll. Schlemihl scheuchte einen kleinen Jungen von der Spielzeugkiste weg und setzte sich darauf. Der Junge streckte ihm die Zunge raus und zeigte ihm den Vogel und den Stinkefinger gleichzeitig. So etwas hatte er noch nicht gesehen. Sein Nachbar tat so, als ob er nicht zu ihm gehörte und stellte sich auf die andere Seite des Wartezimmers. So ein Feigling.

Schlemihl wandte sich an eine junge Dame neben ihm, die ständig vor sich hin kicherte, und laberte sie an: >>was fehlt Ihnen denn? Haben sie nicht mehr alle Tassen im Schrank?<< >>Nein<<, meinte sie, >>beim Ski fahren habe ich ein Bein gebrochen.<< >>Und das finden Sie lustig?<< meinte Schlemihl vorwurfsvoll. >>Na ja<<, sagte sie, >>war ja nicht mein Bein.<< Und kicherte weiter.

Von dieser Schnalle hatte er genug und wandte sich an einen älteren Herren neben sich: >>Sie sehen aber nicht sehr krank aus, haben Sie sich verlaufen?<< Der ältere Herr deutete auf seine Brust und meinte: >>nein, ich bin hier schon richtig. Mein Herzschrittmacher hat einen Defekt. Immer, wenn ich huste, öffnet sich das Garagentor. Und das passiert nicht nur bei meiner Garage.<< Dann sprach er weiter: >>dabei hat man mir nach der Operation gesagt, der Herzschrittmacher hält mein ganzes Leben, vielleicht sogar ein paar Jahre.<<

Bevor er Schlemihl auf den Keks ging, wurde er zu Doktor Mohrenkopf gerufen. Nach einigen Minuten kam er schon wieder raus und fühlte sich verpflichtet, Schlemihl gleich zu berichten: >>Der Doktor sagte, ich hätte einen Kabelbrand in meinem Herzschrittmacher. Jetzt fahre ich pro Forma ins Krankenhaus und anschließend zu meinem Schwager.<< >>Wieso zu Ihrem Schwager<<, fragte Schlemihl, >>ist der Herzchirurg?<< >>Nein<<, meinte der älter Herr, >>Elektriker.<< Und schon war er verschwunden.

Nach zwei Stunden Wartezeit wurde Schlemihl aufgerufen. Inzwischen brauchte er nicht mehr zu simulieren. Er hatte tatsächlich Atemnot. Sein erster Eindruck von dem neuen Arzt war überwältigend. Der trug einen zerknitterten Anzug. Sah so aus, als ob er darin geschlafen hätte (was auch stimmte). Und er war schwarz. Kohlrabenschwarz. Eine richtige Rußkugel. Aber Schlemihl hatte keine Vorurteile. Ob er ein Kurpfuscher oder Schirmflicker war, würde sich bald herausstellen. >>Und, wie fühlen Sie sich?<< fragte Doktor Mohrenkopf. >>Ganz gut<<, meinte Schlemihl, >>nur das atmen fällt mir etwas schwer.<< >>Na<<, sagte der Mohrenkopf, >>schauen wir mal, das werden wir sicher noch weg bekommen. Jetzt schließen wir erst mal die Augen, dann sehen wir weiter.<< Darauf ließ sich Schlemihl aber nicht ein und sagte: >>Herr Doktor, ich glaube, ich habe es auch an der Galle.<< >>Das ist aber bitter<<, sagte der, und begann Schlemihls Füße zu untersuchen. >>Sie haben ja überall blaue Flecken? Welchen Sport treiben Sie denn, Fußball oder Hockey oder Rugby?<< >>Skat<<, antwortete Schlemihl verärgert. Der eingebildete Sturkopf hatte seine Galle nicht beachtet. Was hatte der eigentlich an seinen Füßen zu suchen?

So schnell ließ Schlemihl nicht locker: >>schauen Sie sich doch mal meinen Rücken an, ich habe da solche Pusteln.<< Doktor Mohrenkopf sah sich ganze 3 Sekunden seinen Rücken an und stellte die Diagnose: >>das ist nicht so schlimm.<< >>Was nennen Sie denn schlimm?<< fragte Schlemihl. >>Schlimm wäre, wenn ich diese ekligen Pusteln hätte<<, entgegnete der Mohrenkopf. Noch gab Schlemihl nicht auf: >>da ist noch etwas, immer wenn ich mich bücke, quietscht es in meinem Rücken.<< Der Doktor sah sich das Problem an und sagte lachend: >>Sie sollten mal die Schnallen von Ihren Hosenträgern schmieren.<< Als ob er davon etwas verstehen würde, im Afrikanischen Busch haben sie ja gar keine Hosenträger. Inzwischen waren Schlemihls 10 Minuten um und er fragte: >>also, Herr Doktor, was fehlt mir nun?<< Der antwortete: >>eigentlich fehlt Ihnen nichts, Sie sind nur ein Jammerlappen. Wie haben Sie eigentlich hier her gefunden, so ganz ohne Hirn?<< Schlemihl war sprachlos. Schon sprach der Doktor weiter: >>ich kann natürlich noch weiter nach einer Krankheit suchen. Irgendwann werde ich etwas finden und wenn ich eine Autopsie vornehmen muß.<< >>Na schön,<< beruhigte Schlemihl ihn, >>dann geben Sie mir wenigstens ein Rezept.<< >>Ein Rezept wollen Sie? Ich wußte gar nicht, das Sie auch gerne kochen?<< meinte Mohrenkopf.

Nun hatte Schlemihl aber genug: >>mit diesen Methoden bekommen Sie aber nicht viele Patienten.<< >>Ach<<, meinte der Mohrenkopf, >>mir geht es inzwischen so gut, daß ich es mir leisten kann den Patienten auch mal zu sagen, ihnen fehle gar nichts.<< >>Aber ich will mal nicht so sein<<, fuhr er fort, >>hier verschreibe ich Ihnen Schlaftabletten, die reichen für drei Monate.<< >>So lange wollte ich eigentlich nicht schlafen<<, antwortete Schlemihl und ging.

Sein Nachbar hatte tatsächlich auf ihn gewartet. Das überraschte ihn schon. Er zeigte Anton sein Rezept und sagte: >>schade, daß die Rezepte nun vom Computer ausgedruckt werden. Damit kann man nichts mehr anfangen. Mit dem handgeschriebenen Rezept, das ich vor zwei Jahren von meinem Hausarzt erhielt bin ich kostenlos ins Museum gegangen und ein Jahr mit dem

Stadtbus gefahren. Und jetzt bekomme ich auch noch Rente.<< Dann fragte Schlemihl: >>und, was hat er bei dir festgestellt?<< >>Nun, er ist sich noch nicht sicher<<, antwortete Anton, >>aber er sprach von einem Durchbruch.<< >>Damit meinte er doch hoffentlich nicht deinen Magen?<< meinte Schlemihl. Dann sprach er weiter: >>ich habe auch ein chronisches Leiden, das werde ich nie mehr los.<< >>Was meinst du damit?<< fragte Anton. >>Nicht was, sondern wen?<< antwortete Schlemihl.

Plötzlich fiel seinem Nachbarn noch etwas ein: >>übrigens, der heißt ja gar nicht Doktor Mohrenkopf. Der heißt Bobete Mohammed Ngombo. Das habe ich auf dem Schild gelesen. Und ich habe ihn mit Doktor Mohrenkopf angesprochen. Das ist vielleicht peinlich.<< >>Mach dir nichts daraus,<< sagte Schlemihl, >>ich habe versucht seinen Namen auszusprechen. Unmöglich. Bei mir ist er Doktor Mohrenkopf. Basta.<< >>Ich werde trotzdem genau prüfen, was er mir verschrieben hat, nicht daß da noch Arsen dabei ist<<, meinte Anton und ging in sein Haus, das sie inzwischen erreicht hatten.

Schlemihl betrat seine Wohnung und stolperte fast über seine Gefährtin. >>ich war beim Arzt<< sagte er kurz angebunden. >>Und, wie geht es ihm<<, antwortete die Gefährtin ebenfalls kurz. >>Mir doch egal<<, meinte Schlemihl, >>aber er kennt sich gut mit Genen aus.<< >>Wußtest du, daß Männer viele Gene aber Frauen nur eines haben?<< >>Ach ja<<, nörgelte sie, >>das Fremd geh'n und das Saufen geh'n und das Fort geh'n und das Kegeln geh'n? Und was haben wir Frauen denn für ein Gen?<< >>Das auf die Nerven geh'n<<, antwortete Schlemihl und ging stolz erhobenen Hauptes ins Wohnzimmer.

*

45

# Im Kaufrausch

*Männer gehen nicht gerne zum einkaufen. Doch, wenn die Lebensgefährtin dabei ist......? Es gibt halt Dinge im Leben, die macht man nur einmal.*

Schlemihls Gefährtin wollte einkaufen und bestand darauf, daß er mitkommt. Davor hätte er sich lieber gedrückt, aber ihm fiel keine rechte Ausrede ein. Das passierte eigentlich selten. Also, ließ er sie mit dem Auto fahren. So hatte er noch eine kleine Chance, daß sie unterwegs vielleicht einen Unfall baut. Dann hätte sich das Problem erledigt.

Sie hatten noch nicht einmal die halbe Strecke zurückgelegt, da steckten sie schon in zähflüssigem Verkehr, an der Spitze einer Autokolonne. Er sagte tröstend zu ihr: >>du brauchst dich nicht zu schämen. Du bist nicht die einzige, die langsam fährt. Hinter uns fahren alle auch nicht schneller.<<

Wenn man so langsam durch die Stadt zuckelt, kann man in Ruhe die Passanten und die Schaufenster betrachten. Am Straßenrand drehte gerade ein städtischer Arbeiter mit einem großen Schlüssel ein Wasserrohr auf. >>Was macht der da?<< fragte sie. >>Der zieht die U-Bahn auf<<, log Schlemihl sie an. >>Und schau bitte auf den Verkehr und nicht in die Schaufenster<<, belehrte er sie gleich noch dazu.

Langsam fuhren sie bei McDonalds vorbei. Dort war, wie immer, randvoll. Schlemihl deutete darauf und sagte: >>komisch, keiner geht hin, aber immer ist es voll.<< Sie blickte stur nach vorn und fragte: >>was gibt es dort eigentlich?<< Schlemihl entgegnete, >>dort gibt es Fast Food. Auf deutsch heißt das "Fast ein Essen".<< Plötzlich rief sie: >>hinter uns kommt ein Rettungswagen mit Blaulicht und Matterhorn, was soll ich denn tun?<< >>Vorbeilassen<<, antwortete er.

Vor einem Metzgerladen mußten sie anhalten.
>>Sieh mal<<, sagte er, >>leben wir nicht in einer verrückten Welt? Beim Metzger gibt es Frankfurter, Wiener und Regensburger. Der Bäcker hat Amerikaner und Berliner. Im Schnellimbiß bekommst du Hamburger und im Werkzeugladen Franzosen und Engländer. Was die Asylanten aus Afrika wohl über uns denken?<< >>Wahrscheinlich fühlen die sich wie zu Hause<<, meinte sie.

Nachdem sie eine Stunde vergeblich nach einem Parkplatz gesucht hatten, sagte er: >>stelle das Auto einfach vor die Bank ins Parkverbot. Da bekommst du keinen Strafzettel.<< >>Bist du sicher?<< meinte sie zweifelnd. >>Natürlich<<, sagte er großspurig, >>das funktioniert immer.<<

Widerwillig folgte sie seinem Rat. Bis zu ihrem Ziel, einem großen Kaufhaus, waren es nur noch wenige Schritte. Gleich im Erdgeschoß war ein Büchershop. An der Information sah Schlemihl eine junge Dame. Er steuerte auf sie zu und quatschte sie auch gleich an: >>schöne Frau, ich brauche ein Buch für einen Bekannten. Der liegt zur Zeit im Krankenhaus.<< Sie fragte charmant: >>soll es etwas religiöses sein, oder geht es Ihrem Bekannten schon wieder besser?<< Seine Begleiterin, die ihm sofort hinterher rannte, schob ihn einfach zur Seite und sagte: >>hören Sie nicht auf den, der kann doch gar nicht lesen.<<

Dann sagte sie: >>können Sie mir für den Urlaub einen spannenden Krimi empfehlen?<< Schlemihl nahm schnell ein Buch aus dem Regal und sagte: >>nimm doch den, da erfährst du erst auf der letzten Seite, daß der Eismann alle umgebracht hat.<< Dann wandte er sich an die verwirrte junge Dame an der Information und meinte: >>so, jetzt geben Sie mir auch einen Krimi, ich bin nämlich in Mordsstimmung.<< Die Dame reagierte empfindlich. Sie ging weg und ließ beide einfach stehen. >>Das ist alles deine Schuld<<, sagte er zu seiner Begleiterin.

Ohne Bücher gingen sie zum nächsten Geschäft. Dort sprach Schlemihl einen seriösen Herrn in einem weißen Kittel an: >>ich brauche eine Brille, Herr Doktor.<< Der antwortete belustigt: >>das glaube ich, hier ist nämlich ein Würstchenstand.<< Schlemihls Gefährtin war das peinlich und sie zog ihn weiter in Richtung Oberbekleidung. Er sträubte sich dagegen, aber sie war stärker. Sie winkte herrisch einen jungen Verkäufer heran und fragte: >>könnte ich das rote Kleid im Schaufenster anprobieren?<< >>Selbstverständlich<<, antwortete der, >>aber wir haben auch Umkleidekabinen.<< Schlemihl mußte herzhaft lachen. Jetzt war sie echt sauer und zog ihn weiter. Aha, jetzt war also er wieder mal Schuld.

An einem Einzeltisch stand eine Verkäuferin mit einem Berg von Hosenträgern. Diese rief laut: >>hallo, der Herr dort drüben, Hosenträger gefällig?<< Schlemihl sah sich um, da war Niemand. Also meinte sie wohl ihn. Er rief zurück: >>danke nein, ich trage meine Hosen lieber selbst.<<

Nun fuhren beide ins Tiefgeschoß. Dort war der Gemüsemarkt. Zwischen großen Kartoffelsäcken entdeckten sie auch den "dicken Emil", einen Händler. Schlemihls Begleiterin steuerte direkt auf ihn zu und fragte: >>sind die deutsche oder ausländische Kartoffeln?<< Der dicke Emil antwortete mürrisch: >>wollen sie die Kartoffeln essen, oder mit ihnen sprechen?<< Bevor es Ärger gab schaltete Schlemihl sich ein: >>haben sie auch fleischfressende Pflanzen?<< >>An was hatten Sie denn gedacht?<< fragte der dicke Emil. Mit einem Seitenblick auf seine Gefährtin meinte Schlemihl: >>na, so an 150 Pfund.<<

Nun war sie echt verärgert und ging weiter zur Rolltreppe. >>hier bin ich in den Siebzigern mit meinen langen Koteletten hängen geblieben<<, sagte Schlemihl. Sie sah ihn ungläubig an, dann bemerkte sie ein großes Schild mit der Aufschrift "auf der Rolltreppe müssen Hunde getragen werden". Sie stieß ihn an, deutete auf das Schild und meinte: >>oh Gott, wo nehmen wir jetzt einen Hund her?<< Die Rolltreppe führte direkt in ein Hutgeschäft und sie stolperten hinein. Welch eine Gemeinheit. Sofort eilte Schlemihls Gefährtin zur Verkäuferin und sagte: >>könnten Sie bitte den giftgrünen Hut aus der Vitrine nehmen?<< Die Verkäuferin diensteifrig: >>aber gerne, gnädige Frau, das mache ich doch sofort.<< >>Wissen sie<<, meinte Schlemihls Gefährtin, >>über dieses abscheuliche Ding ärgere ich mich jedes Mal, wenn ich hier vorbeikomme.<<

Nachdem sie doch noch zwanzig Hüte probiert hatte, fragte sie erbost: >>haben sie den keinen, der zu meinem Kopf paßt?<< Die Verkäuferin antwortete spitz: >>Strohhüte führen wir nicht<<, dann ging sie einfach weg. Schlemihl plauderte inzwischen mit dem Geschäftsführer: >>wie läuft das Geschäft?<< Der antwortete erfreut: >>so, la, la, heute vormittag hatten wir schon eine Kundin, am Nachmittag wurde es dann etwas ruhiger.<<Natürlich interessierte das Schlemihl überhaupt nicht. Er wollte nur höflich sein.

Nach dem Hutfiasko drängte sie ihn in einen Schuhladen. Heute blieb ihm auch nichts erspart. Nachdem sie unzählige Schuhe anprobiert hatte, sagte sie plötzlich: >>Gott sei Dank, diese Schuhe passen endlich.<< Er sah genauer hin und meinte: >>kein Wunder, du stehst ja auch im Schuhkarton.<<

Den Schuhladen hatten sie überstanden, jetzt kamen sie in die Konfektionsabteilung. Schlemihl interessierte sich für ein bügelfreies Herrenhemd. Zur Sicherheit fragte er die blutjunge Verkäuferin: >>ist dieses Hemd auch wirklich bügelfrei?<< Sie antwortete: >>na klar, ich habe vor dem Einpacken alle Bügel herausgenommen, mein Herr.<<

Seine Gefährtin war inzwischen bei den Bademoden hängengeblieben. Sie sagte zum Verkäufer: >>ich interessiere mich für den roten Bikini im Schaufenster.<< Der Verkäufer schaute verdutzt in das Schaufenster und meinte: >>das ist kein Bikini, das sind Schnürsenkel.<< Das war ihr gar nicht peinlich. Nun interessierte sie sich für eine Strandjacke. >>haben sie diese Jacke nur in blau?<< >>Nein<<, meinte der arme Verkäufer, >>wir haben sie auch in Bordeaux.<< Darauf entgegnete Schlemihl,s Gefährtin spitz: >>da nützt sie mir aber nichts, das ist doch viel zu weit weg. Hier hätte ich sie gebraucht.<<

Endlich verließen sie das Kaufhaus und Schlemihl konnte noch nicht glauben, daß er alles überstanden hatte. Da entdeckten die scharfen Augen seiner Gefährtin eine Fleischerei. >>Prima<<, sagte sie, >>da holen wir unser Abendessen.<< Forsch betrat sie den Laden und fragte energisch: >>haben Sie Kalbfleisch?<< >>Haben wir nicht<<, sagte der Fleischer. >>Oder Schweinefleisch?<< fragte sie. >>Haben wir nicht<<, sagte der Fleischer. >>Haben Sie wenigstens Schweinswürste?<< fragte sie nun schon etwas lauter. >>Haben wir auch nicht<<, meinte der Fleischer. Nun fing sie an zu schreien: >>verdammt noch mal, was haben Sie überhaupt?<< >>Bis 24 Uhr geöffnet<<, antwortete der Fleischer. Mit Mühe konnte Schlemihl sie daran hindern gewalttätig zu werden und bugsierte sie aus dem Laden. Dann deutete er auf das Ladenschild. Es war eine türkische Fleischerei.

Nun hatte auch ihn die Aufregung gepackt und er stolperte aus Versehen in ein Brillengeschäft. Der Optiker eilte auf ihn zu und sagte: >>guten Tag, der Herr, bei mir sind sie richtig. Sie brauchen eine Brille mit minus zehn Dioptrien.<< Schlemihl meinte verdutzt: >>wie können sie das auf Anhieb so genau feststellen?<< Der Optiker antwortete: >>weil sie durch das Schaufenster gekommen sind und nicht durch die Tür.<< Der Mann irrte sich. Schlemihl hat Augen wie ein Adler. Ohne Brille ging er wieder durchs Fenster hinaus.

Auch seiner Gefährtin war die ganze Einkaufstour peinlich. Als sie zum Auto bei der Bank zurückkehrten, steckten unter den Scheibenwischern mehrere Strafzettel. >>Die zahlst du<<, knurrte sie und sah ihn dabei eisig an. Wenn Blicke töten könnten, wäre diese Geschichte nie geschrieben worden. Die Heimfahrt verlief dann auch schweigsam. Zu Hause angekommen suchten sie vergebens die Einkaufstüten. Sie hatten doch tatsächlich nichts gekauft. Nun war Schlemihl doch vom einkaufen begeistert und meinte: >>gleich Morgen gehen wir noch mal einkaufen.<<

*

# Der verrückte Inspekteur

*Autogiganten lassen sich immer etwas neues einfallen. Dieses mal ist es ein Test der Vertragswerkstätten durch einen Vertrauensmann. Dieser ist aber ein Schlemihl, weshalb die Testergebnisse äußerst zweifelhaft sind.*

Im Briefkasten war das Schreiben eines großen Autoherstellers. Eines sogenannten Autogiganten. Wie üblich, warf Schlemihl es ungeöffnet in den Müll. Ein neues Auto brauchte er nicht. Er konnte sich auch keines leisten. Schon gar nicht von diesem Hersteller.

Im Laufe des Tages ging ihm der Brief nicht mehr aus dem Kopf. War es vielleicht gar keine Werbung? Hatte er vielleicht in einem Preisausschreiben gewonnen? Obwohl er sich nicht erinnern konnte, an einem solchen teilgenommen zu haben, wurde er immer neugieriger. Schließlich raffte er sich dazu auf, den Brief wieder aus dem Müll heraus zu fischen. Das war eine eklige Angelegenheit, da der Brief inzwischen mit anderen unaussprechlichen Dingen bedeckt war. Mit der Gebäckzange aus der Besteckschublade schaffte er dann doch das Kunststück.

Der Inhalt des Umschlages war noch unversehrt, nur leicht zerknüllt. Nachdem er das Schreiben kurz gebügelt hatte, konnte er es lesen. Die Einleitung des Briefes war nicht so, wie er es erwartet hatte. Es hieß nicht "Sie haben gewonnen", sondern "Wir bitten um ihre Mitarbeit". Und schon war er sauer. Dann las er trotzdem weiter. Die Geschäftsleitung suchte einen unauffälligen Bürger, der mit verschiedenen Schadensfahrzeugen die Vertragswerkstätten testen sollte. Natürlich gegen Honorar. Der Großrechner des Autogiganten hatte als ideale Testperson nur einen Namen ausgespuckt. Seinen.

Da er gerade mal wieder nichts zu tun hatte, wollte er sich die Sache unverbindlich ansehen und machte sich auf den Weg. Begrüßt wurde er von einem jungen Manager im traditionellen Nadelstreifenanzug. Der geleitete ihn in ein feudales Büro. Dort erklärte er ihm das geplante Experiment.

Der Manager meinte jovial: >>für dieses Projekt brauchen wir einen ganz gewöhnlichen Durchschnittsmenschen. Einen Mann, der ziemlich unauffällig wirkt.<< >>Also, Sie.<< >>Moment<<, meinte Schlemihl, >>da muß ein Computerfehler vorliegen.<< Dann holte er tief Luft und legte los: >>ich bin boshaft, eigensinnig, exzentrisch, gewissenlos, hinterfotzig, schlampig, unpünktlich, unzuverlässig, widerlich und stinkfaul. Außerdem bin ich auch noch korrupt und käuflich.<< >>Sehen Sie<<, lachte der Manager, >>genau das was ich meinte, ein Durchschnittsmensch.<<

>>Aber<<, zählte Schlemihl weiter auf, >>ich bin ein Chaot, ein Dickschädel, ein Egoist und Ekel, ein Luftikus und Haderlump, ein Meckerer und Nörgler, ein Querkopf und Stänkerer, ein Schlitzohr und ein Besserwessi.<< >>Das ist es ja, was wir suchen<<, bestätigte der Manager, >>ein ganz normaler, unauffälliger Bürger.<< Nun fiel Schlemihl nichts mehr ein und er sagte zu.

Für das Projekt bekam er verschiedene Fahrzeuge mit getürkten Unfallschäden zur Verfügung gestellt. Diese sollte er in die Vertragswerkstätten bringen und nach der Reparatur einen Testbericht erstellen. Darin sollte nicht nur die ausgeführte Reparatur, sondern auch die Kundenfreundlichkeit, der Service, die Zuverlässigkeit, die Pünktlichkeit und die Ehrlichkeit bewertet werden.

Nun glaubte er selbst daran, daß nur er dieses Projekt erfolgreich ausführen konnte und unterschrieb den Vertrag. Diesen hatten sie nun eine Stunde lang hin und her geschoben und das Papier war schon sehr dünn geworden.

Am nächsten Tag begann die Testphase. Mit dem ersten Fahrzeug, einem uralten klapprigen Diesel machte er sich auf den Weg zur Werkstätte. Unterwegs geriet er auch gleich in eine Polizeikontrolle. Der Polizist forderte ihn freundlich zum Blasen auf. Da Schlemihl schon spät dran war, erklärte er dem Polizisten, daß er jetzt keine Lust zum Blasen hätte. Der Polizist hatte Verständnis und gab ihm den Alkoholtester mit nach Hause. Er sollte ihn gelegentlich beim Revier vorbeibringen.

Nach diesem kleinen Zwischenspiel erreichte Schlemihl die Werkstatt. Da diese mit einer Tankstelle kombiniert war, wollte er erst mal tanken. Er stellte das Fahrzeug vor der Zapfsäule ab und bat den Tankwart es vollzutanken. Dabei ließ er den Motor laufen, war ja nicht sein Auto. Nach einer Weile meinte der Tankwart: >>bitte stellen Sie den Motor ab. Ich komme mit dem einfüllen nicht mehr nach.<< Irgendwann war der Tankvorgang dann auch beendet und Schlemihl fuhr einige Meter weiter zur Werkstatt.

Der Meister hatte sogar Zeit für ihn und lief stirnrunzelnd um das Auto herum. Schlemihl fragte ihn: >>bevor wir anfangen, müßte ich mal schnell aufs Klo.<< >>Das geht im Moment nicht<<, meinte der Meister, >>der Azubi muß erst das Altöl loswerden.<< Also schilderte Schlemihl die Probleme an seinem Fahrzeug: >>der Wagen verliert Wasser und jede Menge Öl. Etwa 1 Liter.<< >>Auf hundert Kilometer?<< fragte der Meister. >>Nein, auf einen Kilometer<<, entgegnete Schlemihl. >>Aha<<, sagte der Meister und nickte dabei mit dem Kopf, >>ein Auslaufmodell.<< >>Aber der Wagen hat immerhin 200 Kilometer gemacht<<, protestierte Schlemihl. >>In der Stunde?<< fragte der Meister zweifelnd. >>Nein, insgesamt<<, sagte Schlemihl. >>Außerdem<<, fuhr er fort, >>gibt es nur ein Teil das kein Geräusch macht, die Hupe.<< >>Also, viel können wir da nicht mehr machen<<, meinte der Meister, >>aber lassen Sie ihn mal hier.<<

Am nächsten Tag holte Schlemihl den alten Diesel ab. Die hatten ihn tatsächlich noch nicht verschrottet. Der Meister kam leutselig aus seinem Büro und sagte: >>so, jetzt ist er wieder fast wie neu. Wir haben ihnen auch eine heizbare Heckscheibe eingebaut.<< >>Wozu denn das?<< protestierte Schlemihl. >>Na ja<<, meinte der Meister, >>so haben Sie beim Anschieben immer warme Hände.<< Dann klopfte er ihm leutselig auf die Schulter und meinte: >>ich habe ihnen auch vorsichtshalber Testamentsvordrucke ins Handschuhfach gelegt.<< Mit dem Ergebnis des ersten Tests war Schlemihl nicht zufrieden und sein Bericht würde auch entsprechend ausfallen.

Er brachte das Fahrzeug zurück und nahm sich das nächste vor. Ein zitronengelber Kleinwagen. Auf der Fahrt zur nächsten Werkstätte brauste er in eine Radarkontrolle. Der Polizist überreichte ihm einen Strafzettel wegen überhöhter Geschwindigkeit. Schlemihl nahm den Wisch dankend entgegen und sagte: >>das werde ich zu Hause lesen, ohne meine Brille bin ich blind wie ein Maulwurf.<< Dafür hatte der Bulle Verständnis.

In der Werkstatt meinte der Mechaniker: >>was ist denn mit ihrem Wagen passiert? Der ist ja völlig demoliert?<< Schlemihl antwortete: >>zwei böse Buben aus der Nachbarschaft haben einen Schneeball darauf geworfen, da ist er umgekippt.<< Dann sprach er weiter: >>wenn sie schon dabei sind, sehen sie mal nach dem kleinen Spiegel im Innenraum. Der ist falsch eingestellt. Das einzige, was ich darin sehe, sind die Autos hinter mir.<< Dann meinte er: >>ich kann die Reparatur aber erst in 3 Wochen bezahlen.<< >>das geht schon in Ordnung<<, meinte der Mechaniker.>>Und wann ist der Wagen fertig?<<, fragte Schlemihl noch. >>In 3 Wochen<<, sagte der Mechaniker und ging kopfschüttelnd davon.

Natürlich hatte Schlemihl einen Witz gemacht. Am nächsten Tag erschien er deshalb pünktlich zur Vesperzeit. Schon nach 1 Stunde bekam er sein Fahrzeug.

Zusammen mit der Rechnung erhielt er noch einen Aufkleber "Bitte keine Werbung einwerfen." Der Mechaniker hielt wohl seinen Wagen für einen Briefkasten? Verärgert wollte er einsteigen, da ging ein baumlanger Trucker vorbei. Er sah mitleidig auf seinen Kleinwagen und meinte: >>meiner ist 30 Meter lang.<< Inzwischen war Wochenende und Schlemihl mußte alles erst mal verkraften. Das hatte er sich einfacher vorgestellt. Am Montag machte er sich mit dem dritten Fahrzeug, einem Franzosen, auf den Weg. Dieses mal fuhr er erst am Abend los. Er wollte mal testen, wie es zu später Stunde mit dem Service aussieht. Auf den Straßen war wenig Verkehr, deshalb konnte er zügig fahren. Viel zu schnell fuhr er auf eine Kreuzung zu. Von links kam ein Kleinwagen und rechts war auch frei. Es passierte also nichts. Da kam ihm eine Dame in einem feuerroten Cabrio entgegen. In der linken Hand hielt sie ein Handy und telefonierte und mit der rechten Hand richtete sie den Innenspiegel, um sich zu schminken. Schlemihl fragte sich, womit sie eigentlich steuerte? Da haben wir Männer doch einen Vorteil.

Dann mußte er an einer roten Ampel anhalten. Die verdammte Ampel wollte einfach nicht umschalten. Korrekt, wie er nun mal war, blieb er stehen und wartete. Erst als es bereits hell wurde bemerkte er, daß es die Lampe einer Baustellenabschrankung war. Nun reichte es wenigstens zur Frühschicht in der Werkstatt. Der unausgeschlafene Mechaniker fragte: >>was ist den mit ihrem Wagen passiert?<< Schlemihl log ihn an: >>ich bin einem Geisterfahrer hinten drauf gefahren.<< >>Na ja<<, meinte der Mechaniker, >>das ist halt noch Qualität. Das Auto könnte ich ihnen mit einer Papierschere zum Cabrio umrüsten.<< Dann versuchte er das Schiebedach zu öffnen. Schlemihl sagte: >>das können sie vergessen, das ist nur aufgemalt.<< Er glaubte, der Kerl sei betrunken. Nun fragte der Schirmflicker auch noch: >>was braucht der eigentlich auf 100 Kilometer?<<

Schlemihl antwortete: >>1 Liter Öl und 2 Liter Rotwein<<, und fuhr nach Hause.

Am Nachmittag setzte er sich in das vierte Testfahrzeug, einen Japaner und steuerte zur nächsten Werkstatt. Er war noch 50 Meter von der Werkstatt entfernt, da schlug der Mechaniker schon die Hände über dem Kopf zusammen. Bevor er noch aussteigen konnte rief der Mechaniker laut: >>Gott schütze uns vor Sturm und Wind und Autos die aus Japan sind.<< Das war kein guter Anfang, trotzdem stieg Schlemihl aus. Der Mechaniker betrachtete das Auto lange und meinte dann: >>wann ist das Fahrzeug zum letzten mal überholt worden?<< Schlemihl antwortete: >>gerade eben, von einem Fahrrad.<< Bevor der Mechaniker nachdenken konnte meinte Schlemihl: >>sehen sie doch mal nach dem Reifen. Ich glaube, ich habe einen Randstein angefahren.<< >>Wie oft?<<, fragte der Mechaniker. Dann schaute er auf das Heckfenster und meinte: >>oh, das ist ja ein Sportwagen.<< Er hatte wohl Schlemihls neue Turnschuhe auf der Heckablage gesehen. Schlemihl ließ sich nicht irritieren und meinte: >>nach der Reparatur können sie auch gleich einen gebrauchten Airbag einbauen.<<

Als er das Fahrzeug am nächsten Tag abholte, war es tatsächlich einwandfrei repariert. Der Mechaniker sagte grinsend: >>ich habe ihnen einen Discount-Airbag eingebaut. Der kostet keinen Aufpreis.<< Das war doch schon mal etwas. Trotzdem fragte Schlemihl: >>was ist ein Discount-Airbag?<< >>Einer zum selber aufblasen<<, meinte der Mechaniker und gab ihm noch einen Aufkleber "Wer bremst hat Angst". Na ja, der konnte was erleben. Das würde alles in seinem Bericht stehen.

Nun näherte sich das Ende der Testphase. An dem fünften und letzten Fahrzeug würden sich selbst die Fachleute die Zähne ausbeißen. Das war ein völlig neues Auto mit modernster Elektronik. Es hatte einen sprechenden Bordcomputer. Als Schlemihl einstieg kam eine liebliche Stimme vom Armaturenbrett: >>Sitzgurt anlegen.<< Schlemihl sagte: >>okay.<< Das Auto sprach weiter: >>der Öldruck ist zu niedrig.<< >>Schlemihl antwortete: >>gebont.<< Der Wagen meckerte weiter: >>der Tank ist fast leer.<< Schlemihl entgegnete: >>habe ich registriert.<< Schon wieder sprach der Computer: >>die Batterie braucht Säure.<< Verärgert sagte Schlemihl: >>notiert.<< Der Computer war immer noch nicht zufrieden: >>die Bremsbeläge sind abgenutzt.<< >>Kapiert<<, antwortete Schlemihl. Schon lästerte der Computer weiter: >>der Aschenbecher ist zu voll.<< >>Ist ja gut<<, meinte Schlemihl ungeduldig. Der Bordcomputer war immer noch nicht zufrieden: >>der Reifendruck stimmt nicht.<< >>Schön, das lasse ich sofort richten. Können wir jetzt endlich losfahren du blöde Maschine?<< >>Nein<<, sagte der Computer, >>du bist besoffen.<< >>Halts Maul<<, schrie Schlemihl und schaltete ihn ab.

Er brachte das Fahrzeug zur Werkstatt und beauftragte den Meister mit der Umprogrammierung des Bordcomputers. Das würde wohl eine Überraschung geben. Davon hatte bestimmt keiner eine Ahnung. So sehr hatte er sich noch nie geirrt. Als er das fertige Fahrzeug abholte war er total überrascht. Beim Einsteigen sagte der Bordcomputer mit donnernder Stimme: >>Kippe aus, anschnallen, Schnauze halten.<< Dann öffnete sich automatisch das Handschuhfach. Darin lag der obligatorische Aufkleber "Ich bremse nur zum Kotzen."

Nach Abschluß dieser aufregenden Testreihe konnte Schlemihl an alle besuchten Werkstätten die Höchstzahl von maximal 10 Punkten vergeben. Er bescheinigte allen hervorragende Arbeit, exzellenten Service, Zuverlässigkeit, Pünktlichkeit, Ehrlichkeit und Kundenfreundlichkeit.

Die verantwortlichen Direktoren beim Autogiganten waren von den Ergebnissen begeistert, obwohl Schlemihl in seinen Berichten schamlos gelogen hatte. Er hatte sich nämlich erlaubt, die Eigner der Werkstätten über dieses Experiment zu informieren. Die Schmiergelder, die er darauf erhielt, übertrafen sein vertraglich zugesichertes Honorar um ein Vielfaches. Damit war das Experiment ein voller Erfolg und am Ende waren alle zufrieden.

*

# Das Spielberg Projekt

*Sind wir wirklich Kaufunlustig? Ü-
ben wir uns tatsächlich in Kaufzurückhaltung? Oder sind wir sogar
Konsumunlustige und Angstspa-
rer?*

Dem Einzelhändler geht es immer schlechter. Die Um-
sätze sinken und die Kunden bleiben aus. Dafür gibt es
sicher verschiedene Ursachen, aber keiner kann es uns
so richtig erklären. Selbst die großen Experten und Politiker sind ratlos. Deshalb haben sie sich für ihre Erklärungen neue Wörter einfallen lassen. Beispiele: Kaufun-
lust, Kaufzurückhaltung, Konsumunlust, Angstsparen.
Für die einen sind das neue Modewörter und für die anderen neue Unwörter. Hier herrscht Klärungsbedarf. Um
der Sache auf den Grund zu gehen startete Schlemihl
deshalb ein neues Projekt.

Als notorischer Meckerer und Nörgler war er inzwischen in allen Geschäften der Stadt bekannt und ge-
fürchtet. Wo er auch hin kam versteckten sich die Verkäuferinnen hinter einem Regal oder im Hintergrund des
Ladens. Wo das nicht möglich war, zum Beispiel in Bä-
ckereifilialen, taten sie plötzlich so, als ob sie ungeheuer
beschäftigt wären. Lag das nur an seiner Person, oder
hatte sich die Kundenfreundlichkeit allgemein ver-
schlechtert? Das wollte er herausfinden.

Um neutrale Ergebnisse zu erhalten mußte er sich
maskieren. Er wählte die klassische Variante: Falscher
Zauselbart, Spiegelsonnenbrille und Baseballkappe.
Nachdem alles sorgfältig plaziert war, schaute er in den
Spiegel und war schockiert. Da schaute ihm doch tat-
sächlich Steven Spielberg, der amerikanische Spitzen-
regisseur, entgegen. Die Ähnlichkeit war verblüffend.
Steven Spielberg im Schlafanzug. Schon hatte er einen
Namen für sein Projekt. Das Spielberg Projekt.

Mit dem Ergebnis seiner Verkleidung war er sehr zufrieden. Es hätte ja auch Schweinchen Dick oder Frankenstein dabei herauskommen können. Nun kleidete er sich vollständig an. Dabei wählte er eine unauffällige Variante. Grau Jacke, graue Hose, graue Schuhe. Das Experiment konnte beginnen. Er begann in einem Supermarkt am Stadtrand. Dort wollte er Fertigsalat mitnehmen. Im Regal standen verschiedene Packungen, aber nirgends war ein Preis zu finden. Weder an der Ware, noch am Regal. Also verzichtete er auf den Salat. Dann schaute er nach Kartoffeln. An den Knollen hing noch sehr viel Erde. Ja ganze Dreckbollen. Da Dreck nicht zu den Grundnahrungsmitteln gehört, verzichtete er auch auf Kartoffeln.

Zwischendurch beobachtete er eine ältere Dame bei den Tomaten. Sie nahm jede einzeln in die Hand und schaute sie an. Dabei drehte sie die Tomate hin und her und schüttelte dabei den Kopf. An einigen roch sie sogar. Dann ging sie weg, ohne eine Tomate zu kaufen. Eine andere beschäftigte sich mit dem Kopfsalat. Sie nahm einen Salatkopf nach dem anderen in die Hand, lupfte ein Blatt und schaute darunter. Glaubte sie vielleicht, da wohnt einer drin? Natürlich kaufte sie keinen Salat.

Schlemihl konzentrierte sich nun auf die Bananen. Die sahen sehr schön aus. Er wollte einige davon mitnehmen und legte sie auf die Kontrollwaage. Diese funktionierte nicht. Zum Abwiegen auf dem Kassenscanner hatte er kein Vertrauen. Also verzichtete er auch auf die Bananen, verließ verärgert den Supermarkt und kaufte nichts.

Seine nächsten Schritte führten ihn zu einem großen Einkaufsmarkt. Dort gab es auch eine große Obst- und Gemüseabteilung. Frisch im Angebot waren Stangengurken. Wieder beobachtete er eine ältere Dame. Sie nahm eine Gurke nach der anderen in die Hand, drehte sie hin und her, schüttelte den Kopf und legte sie zurück. Nachdem sie jede Gurke angefaßt hatte, ging sie weg. Ohne Gurke. Jetzt konnte er sich nicht mehr zurückhalten und rannte hinterher. >>Liebe Frau<<, sprach er sie an, >>da oben auf dem Regal haben Sie eine Gurke übersehen, die haben Sie nicht angefaßt.<< Sie sah ihn irritiert an und meinte schnippisch: >>die habe ich schon gesehen, da bin ich nur nicht hingekommen.<< Dann rauschte sie davon.

Nun konzentrierte er sich wieder auf seine eigenen Bedürfnisse. Er entschied sich diesmal für schöne rote Äpfel. In dieser Abteilung durfte man selbst abwiegen. Dafür waren 4 elektrische Waagen vorhanden. Davon waren aber im Moment 3 außer Betrieb und an der vierten wartete eine große Schlange verärgerter Kunden. Er legte die Äpfel zurück, aber absichtlich zu einer anderen Sorte und ging in die nächste Abteilung. Dort interessierte er sich für neue Kekse eines großen deutschen Herstellers. Vergebens suchte er nach dem Preis der Packung. Weder an der Kekspackung, noch am Regal war ein Preis zu finden.

Wieder ärgerte er sich und ging, ohne Einkauf, Richtung Kasse. Dabei kam er an einem Sonderstand mit Melonen vorbei. Außer dem Preisschild war nichts mehr da. Keine einzige Melone mehr. Dafür hatten einige Männer an den Kassen riesige Brüste. Auch einige Frauen fielen ihm auf. Diese waren unberührt in den Markt gekommen und verließen ihn hochschwanger. Aber das ging ihn nichts an und er fuhr mit dem Bus in die Innenstadt.

Dort betrat er ein Kaffeegeschäft. Er brauchte zwar keinen Kaffee, und schon gar nicht diese Sorte, aber in dem Geschäft gab es interessante Nonfood Artikel. Früher nannte man das Hartwaren. Er entdeckte ein Verlängerungskabel für das Telefon, schön aufgewickelt auf einer Kabeltrommel. Dieser Artikel gefiel ihm. Mit der Ware in der Hand ging er zur Kasse um zu bezahlen. Die Dame hinter der Kasse bediente ihn nicht. Sie rannte geschäftig hin und her und redete mit anderen Kunden. Ihn beachtete sie überhaupt nicht. Er wartete großzügig 5 Minuten ab, dann stellte er die Ware ins Regal zurück und ging wortlos, ohne zu kaufen. Innerlich kochte er.

Neben dem Kaffeegeschäft war ein Kaufhaus. In der Auslage entdeckte er eine Riesenpackung mit Papiertaschentüchern und entschloß sich, diese zu kaufen. Wieder suchte er vergebens nach dem Preis. Er war nirgends zu finden und jemanden zu fragen, war ihm zu blöd. Diese Unsitte mit den fehlenden Preisen sieht man immer mehr in Kaufhäusern und Märkten. Wieder ärgerte er sich und ging.

Einige Straßen weiter kam er in ein altbekanntes Spielzeuggeschäft. Er suchte sich verschiedene kleine Spielzeuge aus und ging damit zur Kasse. Immerhin waren dort 4 Kassen. Aber keine war besetzt. Er wartete. Niemand kam vorbei. Verzweifelt suchte er nach einer Dame mit einem Namensschild am Revers. Aber die hatten sich wohl alle versteckt. Er ging zurück ans Regal und warf die Ware wütend hinein. Eigentlich hätte er diese Dinge ja auch nicht gebraucht. Aber sind es nicht gerade die Dinge, die man nicht braucht, die einem das Leben schöner machen?

Noch hatte er Hoffnung. In einem weiteren Supermarkt konnte er endlich einige Waren einkaufen. Die Artikel waren ausgezeichnet und die Waagen funktionierten auch. Es sah gut aus. An der Kasse stand er zwischen zwei Kassiererinnen. Beide unterhielten sich um ihn herum und mußten dabei ihre Oberkörper ziemlich verbiegen. Dabei zogen sie munter die Waren über den Scanner. Manchmal piepste der einmal, manchmal zweimal. Er hatte ein ungutes Gefühl und kontrollierte anschließend den Bon sehr genau. Dieser war so schwach bedruckt, daß man fast nichts lesen konnte. Eine weiter Unsitte in den Märkten. Um so erstaunter war er, als die Preise und die Summe tatsächlich stimmten.

Nun brauchte er noch einige Brezeln und betrat eine Bäckereifiliale. Er war der einzige Kunde. Eine ältere

Verkäuferin stand seitlich neben der Theke und machte Notizen auf einem Block. Sie schaute nicht auf und ignorierte ihn völlig. Geduldig wartet er 3 Minuten. Keine Reaktion. Schließlich ging er verärgert, ohne Brezeln. Beim Weggehen bemerkte er aus den Augenwinkeln, wie ihm die Dame nachsah. Für diesen Vormittag war er restlos bedient und mußte sich erst mal ausruhen. Außerdem mußte er die Verkleidung neu richten. Diese hatte inzwischen unter dem Einkaufsstreß gelitten. Nun hatte er immer noch kein Obst eingekauft. Also ging er am Nachmittag in den nächsten Supermarkt. Davon gibt es ja jede Menge. Gleich hinter dem Eingang war die Warmtheke mit Hähnchen, Putenkeulen, Flügeln, Fleischkäse und Kaßler. Das sah sehr verlockend aus und der Duft der frisch gegrillten Teile stieg ihm in die Nase. Wie alle anderen Standorte ist auch dieser psychologisch durchdacht. Egal, er konnte nicht widerstehen und stellte sich an. Bis er an die Reihe kam, konnte er sich in Ruhe aussuchen, was er essen wollte.

Endlich kam er an die Reihe. Er hatte sich für kleine Hähnchenkeulen zum Preis von 6.90 Euro pro Kilo entschieden und verlangte 4 Stück. Die junge Dame hinter der Warmtheke nahm 4 kleine Keulen und legte sie auf die Waage. Dann tippte sie den Kilopreis 12,90 Euro ein. Das war der Preis für die Putenkeulen. Er machte sie darauf aufmerksam, da begann sie mit ihm zu streiten. Sie behauptete: >>das sind Putenkeulen.<< Er korrigierte: >>nein, das sind Hähnchenkeulen.<< Sie war nicht zu überzeugen. Er versuchte ihr zu erklären, daß eine Hähnchenkeule klein ist und ca. 30 Gramm wiegt. Eine Putenkeule dagegen ist ziemlich groß und wiegt ca. 300 Gramm. Sie beharrte aber auf ihrem Standpunkt und ließ sich nicht davon abbringen. Die Schlange hinter ihm war inzwischen immer länger geworden und einige begannen schon zu murren. Verärgert schrie er: >>wissen Sie was, die Putenkeulen können Sie selber essen<<, und rannte davon.

An der Käsetheke war gerade kein Betrieb und er stellte sich davor. Die dicke Käsefachverkäuferin sah ihn faszinierend an. Hatte sie ihn vielleicht erkannt? Da sagte sie: >>mit dem Bart sehen Sie aber häßlich aus. Sie sollten ihn abrasieren.<< Für einen Moment verschlug es ihm die Sprache. Dann faßte er sich wieder und protestierte: >>erlauben Sie mal, den trage ich schon seit zwanzig Jahren. So etwas rasiert man doch nicht einfach ab?<< Dann setzte er noch einen drauf: >>wie lange haben Sie eigentlich Ihren schon?<< Jetzt war sie sprachlos und er ging schnell weiter. Eigentlich wollte er ja auch keinen Käse kaufen.

Jetzt ging er zur Kühltruhe mit der Wurst. Er wollte noch etwas Schinken mitnehmen. Die verschiedenen Sorten waren sauber in Folie eingeschweißt und sahen im Licht der roten Lampen so frisch aus, frischer ging es gar nicht. Schnell hatte er den gesuchten Schinken gefunden. Natürlich war auf den Packungen kein Preis aufgedruckt. Dafür klebten auf dem Rand der Kühltruhe etwa 100 Aufkleber mit großem Strichcode und kleinem Preis. Die Artikelbezeichnung war abgekürzt und die Aufkleber waren teilweise übereinander geklebt. Er mußte sich tief über die Truhe beugen um den richtigen Bäpper zu finden. Dabei riskierte er einen Augenschaden und Erfrierungen. Den richtigen Aufkleber fand er nicht. Schweren Herzens legte er den Schinken wieder zurück. Im normalen Licht der Deckenlampen sah der auch nicht mehr so frisch aus. Heute würde er also nur Obst essen.

Endlich erreichte er die Obstecke. Es gab schöne, große, rote Pflaumen. Die lachten ihn richtig an. Er füllte einen Plastikbeutel und ging zur Kasse. Die Dame an der Kasse legte den Beutel auf ihren Scanner und wog die Pflaumen ab. Dann gab sie den Preis für Nektarinen ein. Das konnte er auf dem Display deutlich erkennen. Er machte sie darauf aufmerksam, daß es sich um Pflaumen handelt. Sie sah die Früchte näher an und meinte: >>nein, das sind Nektarinen, keine Zwetsch-

gen.<< Er sagte: >>wer hat den von Zwetschgen gesprochen?<< Sie antwortete: >>Pflaumen und Zwetschgen sind doch dasselbe.<< Hier rannte er gegen eine
Betonwand an. Also meinte er: >>behalten Sie die Nek-
tarinen<<, und ging durch die Kasse.
Er hatte noch Zeit und ging zu einem großen Einkaufsmarkt. Dort war gerade ein Jubiläum und jeder
Kunde bekam auf seinen Einkauf 10 Prozent. Das wollte
er auch ausnützen und kaufte verschiedene Dinge. An
der Kasse bekam er seinen Beleg über den Einkauf von
17,79 Euro. Dazu bekam er eine Zweitschrift. Mit der
sollte er außerhalb der Kasse an einen Sondertisch gehen. Dort würde ihm dann ein Gutschein ausgestellt.
Das war zwar alles etwas umständlich, aber er wollte
nicht schon wieder meckern. Die junge Dame an dem
Sondertisch nahm seinen Kassenbeleg in Empfang und
notierte die Summe in eine Liste. Dann zog sie einen
Taschenrechner aus der Tasche und begann darauf 10
% von 17,79 Euro auszurechnen. Das Ergebnis trug sie
ebenfalls in eine Liste ein. Er sagte zu ihr: >>das hätte
man auch im Kopf ausrechnen können.<< Sie antwortete freundlich: >>sicher ist sicher.<< Dann stellte sie ihm
einen Gutschein über aufgerundet 2 Euro aus. Den
konnte er beim nächsten Einkauf verrechnen. Wenigstens das funktionierte.
   Auf dem Nachhauseweg ging er noch an einem
Computerladen vorbei. Er wollte sich schon lange einen
Laptop und einen neuen Drucker zulegen. Dafür hatte er
2000 Euro eingesteckt. Logischerweise war der Computerladen seine letzte Station. Den Laptop hatte er in einem Sonderprospekt gesehen, der am Vortag im Briefkasten war. Nach 30 Minuten in einer Warteschlange
kam er an die Reihe und äußerte seinen Wunsch. Der
gewünschte Laptop war nicht mehr verfügbar. Schon
nach einem Tag. Nur noch das Vorführmodell im Schaufenster war vorhanden. >>Dann nehme ich halt den<<,
sagte er zum Angestellten. Der meinte: >>das geht
nicht, auf dem Laptop ist Werbesoftware drauf.<<

>>Das macht mir nichts aus<<, meinte Schlemihl, >>die kann ich ja von der Festplatte löschen.<< Keine Chance, der Typ wollte ihm den Laptop einfach nicht verkaufen. Offensichtlich konnte sich der Computerladen leisten, auf einen schnellen Umsatz von 2000 Euro zu verzichten. Trotzdem wundert es ihn, daß immer mehr Computerläden nach kurzer Zeit wieder aus dem Stadtbild verschwinden. Seinen Laptop hat er übrigens später in einem Kaufhaus gekauft. Da war er inzwischen um 300 Euro herabgesetzt worden. Seinen neuen Drucker kaufte er dort ebenfalls.

Einige Dinge sind ihm zwischendurch auch noch aufgefallen. Am Sonntag wird der Prospekt eines Supermarktes in den Briefkasten gesteckt. Er sieht ihn in Ruhe durch und notiert sich einige Artikel. Am Montag in der Frühe geht er hin. Im Prospekt abgebildete Waren sind nicht da, sondern ähnliche Produkte. Die sind aber viel teurer. Preise am Regal stimmen mit den Preisen an der Kasse nicht überein, da die Preise in der Kasse noch nicht geändert wurden. Seltsam ist, daß die falschen Preise immer höher sind. Sonst würde er ja gar nicht meckern. Von 10 notierten Artikeln bringt er nur 5 nach Haus. Die anderen sind nicht da, oder er hat sie nicht gefunden. Dafür stehen in den Regalen leere Kartons.

Nach der Auswertung aller Vorfälle hatte er nun ein klares Ergebnis, war aber kein Bißchen schlauer geworden. Sind Kundenfreundlichkeit und Service tatsächlich so mies geworden, oder haben ihn die Verkäuferinnen trotz seiner Verkleidung erkannt. Eines spricht schon dafür. Keine wollte von ihm ein Autogramm.

Natürlich sind diese Ereignisse nicht alle an einem Tag geschehen, sondern in mehreren Wochen. Aber fast alle beschriebenen Situationen sind tatsächlich passiert.

*

# Gute Nachbarschaft

*Nette Gespräche zwischen zwei Nachbarn sorgen für eine gute Nachbarschaft. Oder auch nicht.*

An der Wohnungstür läutete es Sturm. Da Schlemihl gerade keine Lust zu öffnen hatte, stellte er sich an die Tür und bellte wie ein Hund. Da hatte er aber die Rechnung ohne den Briefträger gemacht. Der kniete vor der Tür, schaute durch den Briefschlitz und knurrte: >>hören sie auf, so miserabel zu bellen. Heute ist keine Rechnung dabei.<<
Verärgert ging Schlemihl in das Hinterzimmer. Dort hatte er ein Fenster, das direkt zum Hinterhof zu öffnen war. Gegenüber schaute sein Nachbar aus seinem Fenster. Diese Gelegenheit konnte er sich nicht entgehen lassen. Sein Nachbar war ein Schlimasl und an ihm konnte er seinen Ärger auslassen. Schlemihl öffnete das Fenster und sah zuerst ein blaues Auge. Winkend rief er hinüber: >>hat deine Frau über dein Auge keine kühlen Umschläge gemacht?<< Der Schlimasl rief zurück: >>nein, nur dumme Witze, so wie du.<< Dann sprach er weiter: >>jetzt läßt sie sich sogar Schlammpackungen ins Gesicht machen.<< >>Und<<, fragte Schlemihl, >>ist sie dadurch schöner geworden?<< >>Anfangs ja<<, antwortete der Schlimasl, >>aber dann ist das Zeug abgebröckelt.<<
Nun wurde der Nachbar freundlicher: >>gestern war ich mit ihr beim Ausverkauf.<< >>Und<<, fragte Schlemihl, <<bist du sie losgeworden?<< Schlimasl hielt die Hand hinters Ohr und tat, als hätte er nichts verstanden. Schnell sprach Schlemihl weiter: >>ich war mit meiner auf dem Flohmarkt.<< >>Und<<, rief der Nachbar zurück, >>wofür hast du sie eingetauscht?<< Schlemihl antwortete kurz: >>für ein Fahrrad.<< Nun erzählte der Schlimasl weiter: >>mir wurde beim Ausverkauf im Gedränge die Geldbörse gestohlen. Ich weiß

aber nicht von wem. Von deiner Verwandtschaft war keiner in der Nähe.<<
Nun wollte Schlemihl den Schlimasl ein Bißchen ärgern: >>he, sag deinem Köter, er soll nicht immer an meinen Zaun pinkeln. Oder schreibe wenigstens auf deinem Eingang "Vorsicht pissiger Hund".<< >>Laß nur meinen Hund in Ruhe<<, meinte der, >>er hat mir neulich fast das Leben gerettet.<< >>Wie das?<< fragte Schlemihl. Schlimasl: >>ich war krank und er hat den Arzt nicht an mein Bett gelassen.<<
Dann meinte Schlemihl: >>Spaß beiseite, heute morgen habe ich deine Frau gesehen, aber sie hat mich nicht gesehen.<< >>Ja<<, entgegnete der Schlimasl, >>sie hat es mir erzählt.<< Dann fuhr er fort: >>wo wir gerade beim Thema sind, was könnte ich denn meiner Frau zum Geburtstag schenken? Hast du eine Idee?<< >>Ja<<, sagte Schlemihl, >>frag sie doch einfach selbst.<< >>Soviel möchte ich nun auch wieder nicht ausgeben<<, meinte Schlimasl.
>>Übrigens<<, sagte Schlemihl, >>ich habe gehört, deine Schwiegermutter sei gestorben. Läßt du sie beerdigen?<< >>Nein<<, meinte Schlimasl, >>auf keinen Fall. Ich lasse sie einäschern.<< >>Ja<<, sagte Schlemihl, >>sicher ist sicher.<< Dann fragte er neugierig: >>an was ist sie eigentlich gestorben?<< >>An Grippe<<, antwortete der Nachbar. >>Na, Gott sei Dank nichts Ernstes<<, meinte Schlemihl. >>Ja<<, entgegnete Schlimasl, >>und stell dir vor, ich habe so viele Formulare ausfüllen müssen, daß es mir bald lieber wäre, sie wäre nicht gestorben.<<
Dann fiel Schlemihl noch etwas ein: >>heute Nacht war vielleicht ein Sturm. Ist dein Dach auch beschädigt worden?<< >>Weiß ich nicht<<, meinte der Nachbar, >>ich habe es noch nicht gefunden.<<
>>Übrigens<<, rief Schlemihl, >>heute stehen Spendensäcke für das Rote Kreuz vor den Häusern. Du brauchst doch sicher wieder Klamotten?<< Schlimasl ließ sich aber nicht provozieren und sagte gehässig:

>>ich habe mir jetzt den neuen Großbildfernseher gekauft, von dem du immer träumst. 48 mal 110.<< Schlemihl rief zurück: >>sind das die Monatsraten?<< Nun versuchte der Schlimasl gut Wetter zu machen: >>kommt doch heute abend einfach zu uns rüber, dann könnt ihr mal ein richtiges Fernsehbild sehen.<< >>Geht leider nicht<<, log Schlemihl, >>wir gehen zu Romeo und Julia.<< >>Aber, die könnt ihr doch mitbringen<<, meinte der Schlimasl.

Obwohl sein Nachbar nicht der Hellste war, hatte er doch bemerkt, daß Schlemihl ihn nur verarschen wollte. Deshalb wurde er stinkig. >>he<<, sagte er, >>du solltest mal verreisen. Weit weg. Am besten nach Australien, oder noch weiter. Vielleicht ein halbes Jahr, oder sogar ein Ganzes. Damit es sich auch lohnt.<< >>Guter Vorschlag<<, sagte Schlemihl, >>aber das kostet ziemlich viel und ich bin zur Zeit Pleite, wie immer.<<

Der Schlimasl überlegte kurz, dann meinte er: >>weißt du was, ich gehe morgen früh in der Nachbarschaft herum und sammle Geld. Wenn die hören, für welchen Zweck das ist, bekomme ich an einem Tag soviel zusammen, daß du sogar auswandern kannst. Und es bleibt noch genug übrig.<< >>Ich weiß nicht<<, sagte Schlemihl, >>mir gefällt es doch hier, bei all meinen Freunden. Da bleibe ich lieber arm und ganz in deiner Nähe. Aber sammeln kannst du trotzdem.<< >>War ja nur ein Vorschlag<<, sagte der Schlimasl mit erstickter Stimme. Dann schloß er das Fenster und zog sich zurück.

*

# Ein Schlitzohr am Empfang

*Einfach nur rumsitzen und lesen.*
*Dazwischen Kreuzworträtsel lösen.*
*Und dafür wird er auch noch be-*
*zahlt. Welch ein Job für den*
*Schlemihl.*

Neulich kam Schlemihl bei einem seiner Streifzüge an einem kleinen Hotel in der Nähe des Bahnhofes vorbei. An der Eingangstür war eine Mitteilung angebracht. Wieder ein Hotel, das geschlossen wird, dachte er und wollte schon vorbeigehen. Dann wurde er aber doch neugierig und trat näher heran, damit er das lesen konnte. Wie man sich doch täuschen kann. Die suchten einen Nachtportier. Interessierte sollten sich bei der Direktion melden.

Da Schlemihl gerade ohne Arbeit war (mal wieder) ging er kurz entschlossen hinein. Das war der richtige Job für ihn. Herumsitzen, lesen, Kreuzworträtsel machen und ansonsten nichts tun. Na ja, vielleicht ab und zu den Telefonhörer abnehmen, aber wer ruft in der Nacht schon an. Diesen Job könnte er mit links machen.

Mit dem Direktor war er schnell einig. Von einer Qualifikation oder von einer Empfehlung wollte der nichts wissen. Dafür war der Stundenlohn im untersten Bereich. Er versicherte aber, daß durch die Trinkgelder das Einkommen durchaus ausreichend sein würde. Natürlich glaubte Schlemihl ihm kein Wort. Aber wenn er so tat, als würde er ihn richtig bezahlen, dann konnte Schlemihl auch so tun, als würde er richtig arbeiten.

Schon am Freitag abend durfte Schlemihl anfangen und richtete sich auf eine ruhige Nacht ein. Kaum hatte er es sich gemütlich gemacht da läutete auch schon das Telefon. Auf dem Display konnte er sehen, daß es Doktor Müller aus Zimmer 14 war. Der legte auch gleich los: >>hallo Hoteldiener, ich habe hier eine Maus auf dem Zimmer. Was soll ich tun?<< Diese Anrede war schon mal eine Beleidigung. Trotzdem antwortete Schlemihl freundlich: >>das macht nichts die Dame kann sich ja morgen früh noch anmelden. In diesen Dingen sind wir großzügig.<< Bevor Doktor Müller weiter nerven konnte, legte Schlemihl auf.

Er hoffte, daß dies die einzige Störung bleiben würde und für die nächsten Minuten blieb es auch ruhig. Dann kam ein Gast ins Hotel, verlangte den Schlüssel für die Nummer 10 und fragte: >>wie kann man hier tolle Frauen kennenlernen?<< Dabei schob er mit einem Augenzwinkern einen 5 Euro Schein über den Tresen. Lächerliche 5 Euro. Das sah ja aus wie Spielgeld. Einen kleineren Schein hatte er wohl nicht gefunden. Entsprechend fiel auch der Tip aus: >>ich verrate Ihnen einen Trick, der funktioniert immer. Hängen Sie an ihre Zimmertür ein Schild mit der Aufschrift "Damen". Das Schild können Sie übrigens bei mir für 10 Euro mieten.<< Darauf verzichtete er und verlangte seine 5 Euro zurück. Da biß er beim Schlemihl aber auf Granit. Verärgert zog er ab und drohte, sich bei der Direktion zu beschweren. Das war dem Schlemihl egal damit konnte er ihn nicht einschüchtern.

Wenig später, es war bereits dunkel, kam ein Fremder ins Hotel. Das war eindeutig kein Hotelgast. Vorsichtshalber griff Schlemihl nach dem Baseballschläger unter dem Tresen. Der Typ wollte aber nur etwas fragen: >>verzeihen Sie, ich suche den Bahnhof.<< >>Ich verzeihe Ihnen<<, sagte Schlemihl, >>suchen Sie ruhig weiter.<< Verärgert rannte er raus.

Kaum hatte Schlemihl wieder seinen Schmöker in der Hand, läutete das Telefon. Das war ja richtig stressig heute. Ein Ehepaar aus Nummer 12 beklagte sich über die Betten. >>Erlauben Sie mal<<, sagte Schlemihl, >>in diesen Betten haben schon Beethoven und Goethe geschlafen.<< >>Dann wird es höchste Zeit, daß sie mal die Bettwäsche wechseln<<, meinte der Ehemann. Schlemihl versprach, sich umgehend darum zu kümmern und machte eine Notiz. Plötzlich fiel ihm

ein, die beiden Typen auf Zimmer 12 hatten ihm ja ü-
berhaupt kein Trinkgeld gegeben. Schon zerknüllte er
die Notiz und warf sie in den Papierkorb.

In seinem Schmöker war er noch keine Seite weiter gekommen, da stürmte ein Gast ins Hotel und häm-
merte energisch auf den Klingelknopf. Schlemihl bekam
fast einen Infarkt. Und dabei war er doch gerade so
schön am einduseln. Der Fremde erkundigte sich nach
den Zimmerpreisen. Woher sollte Schlemihl die denn
wissen? Spontan sagte er: >>erster Stock 50 Euro,
zweiter Stock 40 Euro und dritter Stock 30 Euro.<< Nun
wollte der Typ doch tatsächlich ein Zimmer im dritten
Stock. Da kam er beim Schlemihl aber an den Falschen:
>>tut mir leid, im Dritten ist alles belegt.<< Darauf mein-
te der Gast: >>ach wissen Sie was? Ihr blödes Hotel ist
mir sowieso viel zu niedrig.<< Dann zog er ab.

Für den Rest der Nacht hatte Schlemihl bis auf ein
paar obszöne Anrufe und ein paar besoffene Besucher
Ruhe. Am Morgen kam der Gast aus Nummer 10 an
seinen Schalter und sagte grinsend: >>heute Nacht hat
eine Frau stundenlang an meine Tür geklopft.<<
>>Und<<, fragte Schlemihl, >>was haben Sie getan?<<
>>Ich habe sie natürlich raus gelassen<<, antwortete
der Gast und stolzierte davon.

Auch das Ehepaar von Nummer 12 tauchte an seinem Schalter auf und beschwerte sich: >>heute morgen
kam ein Mann in unser Zimmer und durchsuchte unsere
Betten. Dabei lagen wir noch drin. Was soll das eigentlich?<< Da hatten sie den Schlemihl auf dem falschen
Bein erwischt. Er dachte, die wollten sich noch mal über
ihre Betten beschweren. Geistesgegenwärtig sagte er:
>>kein Grund zur Panik, das war der Direktor vom hie-
sigen Flohzirkus. Der hat bei uns das Jagdrecht gepach-
tet.<<

Schon tauchte der nächste Schrecken auf. Eine ältere Dame aus Nummer 8. Sie beschwerte sich über
Kakerlaken und Ratten auf dem Flur. >>Das tut uns a-
ber leid<<, meinte Schlemihl, >>da hat sicher jemand

seine Haustiere mitgebracht. Wir sind ja ziemlich groß-zügig, aber das geht nun doch zu weit. Ich kümmere mich heute mittag darum.<< Das war natürlich gelogen, denn in wenigen Minuten war seine Schicht zu Ende. Den ersten Arbeitstag hatte er bravourös gemeistert. Leider hatte er sich zu früh gefreut. Im Eingang stand, mit wütendem Gesicht, der Direktor. >>Guten Morgen, Herr Direktor<<, rief Schlemihl erfreut. Un-wirsch winkte der, ihm zu folgen. In seinem Büro machte er Schlemihl total runter: >>ich habe heute morgen schon 18 Beschwerden erhalten. Dabei haben wir nur 12 Hausgäste. Wie ist so etwas möglich? So viele Be-schwerden hatte ich im ganzen letzten Jahr nicht.<< Wegen dieser unberechtigten Vorwürfe war Schlemihl nun auch verärgert. Da ihm keine passende Antwort einfiel, zeigte er dem Direktor den Vogel. Das hätte er nicht tun sollen. Wer seinem Chef den Vogel zeigt, ris-kiert dabei, daß er fliegt. So war es auch mit Schlemihl. Nach nur einer Nachtschicht durfte er gehen und brauchte auch nicht mehr zu kommen.

Damit war sein Versuch, als Nachtportier zu arbei-ten, bereits im Ansatz gescheitert. Eigentlich war das auch keine Überraschung, denn für diesen Job war er sowieso überqualifiziert.

*

# Keine besonderen Ereignisse

*Warum laufen völlig normale Menschen plötzlich Amok. Wenn Sie diese Geschichte lesen, werden Sie es verstehen.*

Gerade wollte Schlemihl es sich auf dem Sofa bequem machen, da hörte er aus der Küche seltsame Geräusche. Bevor er nach der Ursache sehen konnte, kam seine Gefährtin ins Wohnzimmer. >>Was war das eben?<< fragte er, >>das hörte sich so an, als würde die Katze gefoltert.<< >>Ich habe gesungen<<, antwortete sie schnippisch.

Sie setzte sich an den Tisch und blätterte gelangweilt in der Tageszeitung. Plötzlich ein Aufschrei. Schlemihl hatte gerade die Augen geschlossen und fuhr senkrecht in die Höhe. >>Da, sieh doch mal<<, sagte sie aufgeregt, >>über dich steht heute etwas in der Zeitung.<< >>Was? Wo? Das kann nicht sein,<< meinte Schlemihl, >>zeig doch mal her.<< Sie knallte ihm die Titelseite vors Gesicht, so daß er unmöglich lesen konnte. Er nahm ihr das Blatt aus der Hand und hielt es etwa einen Meter vor seine Augen. Da stand tatsächlich: Jeder dritte Mann ist ein Idiot. Sie hatte ihn beim lesen beobachtet und meinte: >>aha, du brauchst also doch eine Brille.<< >>Nein<<, sagte Schlemihl, >>längere Arme.<<

Dann meinte sie: >>sieht man mir eigentlich an, daß ich 30 bin?<< >>Schon lange nicht mehr<<, sagte Schlemihl. >>Aber, ich habe immer noch die Haut einer Achtzehnjährigen<<, meinte sie. >>Ja<<, sagte er, >>einer achtzehnjährigen Kartoffel.<< >>Aber die neue Gurkenmaske hat mich doch hübscher gemacht, nicht wahr?<< >>Na klar<<, sagte er, >>aber warum hast du sie wieder abgenommen?<< Sie gab noch nicht auf: >>ich bin auch deutlich schlanker geworden.<< >>Ja<<, bestätigte er, >>schlank wie ein Reh, oder wie heißt das graue Tier mit dem Rüssel noch einmal?<< Jetzt war sie echt verärgert und ging zum Kühlschrank. Mit einem Joghurt in der Hand kam sie zurück und bemerkte: >>im Gegensatz zu dir hat der wenigstens Kultur.<< Mein Gott, dachte Schlemihl, jetzt macht sie wieder stundenlang so weiter. Um endlich Ruhe zu haben, nahm er den Rest der Zeitung und studierte die Todesanzeigen. >>Stell dir vor, wer gestorben ist<<, sagte er. Verärgert meinte sie: >>ist doch mir egal. Mir ist jeder recht.<< Mein Gott, hatte die eine Laune. Nach einiger Zeit hatte sich ihre Laune gebessert und sie war wieder ansprechbar. Inzwischen hielt Schlemihl den Lokalteil in der Hand und las laut vor: >>unsere Flüsse sind wieder sauberer geworden. Längst ausgestorbene Fischarten sind wieder da. Forellen, Salmonellen, Trichinen...<< Sie unterbrach seinen Vortrag: >>wovon leben eigentlich die Fische?<< >>Von dem, was sie finden<<, antwortete er. >>Und wenn sie nichts finden?<<, nervte sie weiter. >>Dann fressen sie halt was anderes<<, entgegnete er unwirsch.

Schlemihl las weiter aus der Zeitung vor: >>da steht "Niere von Gorilla verpflanzt". Also, ich würde mich nicht von einem Affen operieren lassen.<< Dann blätterte er um und meinte: >>hier steht, in Korea essen sie Hunde. Das ist ja ekelhaft. Hast du schon mal einen Hund gegessen?<< >>Ich glaube nicht<<, meinte sie, >>aber ganz sicher bin ich nicht. Beim Chinesen habe ich aber immer Ente bestellt.<<

Nun kam die Hausfrau bei ihr durch und voller Stolz verkündete sie: >>ich habe jetzt auf den Handtüchern im Bad ein A für Antlitz und ein G für Gesäß eingestickt, damit du sie nicht mehr verwechselst. Aber du achtest ja sowieso nicht darauf.<< Sie ließ keine Gelegenheit aus, um ihm Vorwürfe zu machen. Schnell redete er sich heraus: >>das habe ich längst bemerkt, aber du irrst dich, A bedeutet Arsch und G bedeutet Gesicht.<<

Nun wurde es ihr auch zu blöd und sie fragte uninteressiert: >>war etwas wichtiges in der Post?<< >>Nur ein anonymer Brief<<, meinte er. >>Von wem?<<, fragte sie.<< Darauf gab er keine Antwort. Und schon nörgelte sie weiter: >>willst du heute nichts unternehmen, oder willst du nur faul herumliegen?<< >>Ja<<, gähnte er, >>faulenzen ist doch schön.<< >>Aber man weiß nie, wann man fertig ist<<, meckerte sie. Nun ging sie ans Fenster und riß es weit auf. Damit wollte sie ihn wieder nur ärgern. Tief einatmend sagte sie: >>wie schön frisch die Luft doch ist.<<>>Kein Wunder<<, sagte Schlemihl, >>die war ja auch die ganze Nacht draußen.<<

Nachdem sie einige Minuten am Fenster stand meinte sie beiläufig: >>die blonde Schlampe von Gegenüber ist gerade am ausziehen.<< Sofort sprang Schlemihl vom Sofa auf und holte sein stärkstes Fernglas. Dabei warf er beinahe den Couchtisch um. >>Spinnst du?<< meinte sie, >>um den Möbelwagen zu sehen brauchst du doch kein Fernglas!<< Dabei grinste sie hämisch. Enttäuscht stellte er das Glas in den Schrank zurück.

Inzwischen hatte sie die Post durchwühlt, hielt einen Umschlag hoch und sagte: >>der ist ja von meiner Tante. Warum hast du mir nichts davon gesagt?<< >>Ich dachte, das sind Rechnungen<<, verteidigte er sich. Dabei hatte er die Post noch gar nicht durchgesehen. Nun las sie den Brief ihrer Tante und rief plötzlich aufgeregt: >>mein Onkel ist gestorben.<< >>Endlich mal wieder ein Lebenszeichen von ihm<<, gab er seinen Senf dazu.<< >>Nach der Beerdigung will mich meine Tante besuchen<<, las sie weiter. >>Und wie lange bleibt sie<<, fragte Schlemihl? >>Bis sie dir auf die Nerven geht<<, kam die Antwort. >>Also, nur einen Tag<<, meinte er, >>dann bin ich ja beruhigt.<<

Eingeschnappt, sah sie die restliche Post durch und sagte genüßlich: >>hier, dein Brief an den Bundeskanzler ist zurückgekommen. Warte mal, da steht was drauf: "Unverschämt gelogen".<< >>Zeig her<<, sagte er, >>das kann nicht sein.<< Dann las er selbst "unbekannt verzogen".

Bei dem Gelaber war unbemerkt die Zeit so schnell vergangen, daß es fast Mittag war. >>Ich muß noch einkaufen<<, sagte sie, >>willst du nicht mitkommen und helfen?<< >>Geht nicht<<, stöhnte er mit schmerzverzerrtem Gesicht, >>meine Füße sind eingeschlafen.<< Sie rümpfte die Nase: >>so wie die riechen, müssen sie schon längst tot sein.<< Dann rauschte sie davon. Im Flur blieb sie vor dem großen Spiegel kurz stehen und sagte zu ihrem Spiegelbild: >>dieses Ekel gönne ich ihm.<<

Nach einer Stunde kam sie wieder, mit zwei riesigen Tüten voller Toilettenpapierrollen. Kopfschüttelnd meinte er: >>hast du soviel Toilettenpapier gekauft?<< >>Denkst du, ich hätte es von der Reinigung geholt?<< antwortete sie. Nun nörgelte er: >>jährlich steigt der Verbrauch von Toilettenpapier um 10 Prozent pro Kopf.<< >>Wieso eigentlich pro Kopf?<< fragte sie. Darauf fiel ihm nichts mehr ein, aber einen Rat hatte er noch für sie: >>wenn dir die beiden Tüten zu schwer sind, gehe doch in Zukunft lieber zweimal.<<

Dann sah er sich das Toilettenpapier genauer an und motzte: >>du hast das billigste gekauft. Das ist ja Schmirgelpapier.<< >>Wir müssen sparen<<, meinte sie energisch, >>mit einem Verdienst können wir keine großen Sprünge machen.<< >>Na und<<, meinte er, >>sind wir etwa Känguruhs?<<

Inzwischen hatte er seine Füße ausgestreckt und deutete auf seine Zehen: >>sieh mal, ich kann mir die Fußnägel schneiden, ohne die Socken auszuziehen. Weißt du, was ich damit sagen will?<< >>Ja<<, antwortete sie spitzfindig, >>gib sie bei der nächsten Altkleidersammlung mit, du kannst sie ja gleich anbehalten.<<

Nun nahm sie eine Praline aus der Konfektschale und begann gedankenverloren daran zu lutschen. Scheinheilig fragte er: >>schmeckt dir die Praline, mein

Liebling?<< Erstaunt antwortete sie: >>ja, sehr gut.<< >>Das ist aber komisch<<, sagte er, >>die Katze hat sie immer wieder ausgespuckt.<< Nun wurde sie richtig eklig: >>wenn du mein Mann wärst, würde ich dir Gift geben.<< >>Wenn ich dein Mann wäre<<, sagte er, >> würde ich es auch nehmen.<<

*

# Im Jodelimperium

*Und hier der kürzeste Bergstei-
gerwitz: Rumpeldibumpel, weg ist
dein Kumpel.*

Schlemihls Gefährtin sprach ein heikles Thema an. Wo machen wir Urlaub? Er wollte eigentlich zu Hause bleiben, aber das kam nun gar nicht in Frage. Sie begann von den Bergen zu schwärmen und sagte: >>mein Arzt meinte, ich brauche Höhenluft und viel Bewegung.<< >>Dann räume doch den Dachboden auf<<, schlug er ihr vor, >>ich möchte jedenfalls ans Meer.<< >>Rede keinen Blödsinn<<, meinte sie, >>wir fahren in die Berge.<< Sie würden also wieder mal einen Kompromiß schließen müssen.

Am nächsten Tag saßen beide im Bus und fuhren Richtung Berge. Es war ein Doppeldecker-Bus und ihre Plätze waren auf dem oberen Deck. Plötzlich rief Schlemihls Gefährtin: >>das ist ja lebensgefährlich. Da ist ja gar kein Fahrer.<< Nachdem er sie beruhigt hatte, begann sie auf dem Sitz unruhig hin- und herzurutschen. Dann behauptete sie: >>warum machen die plötzlich nur so enge Sitze. Das hält man doch nicht lange aus.<< Schlemihl bemerkte: >>die Sitze sind nicht schmaler geworden, sondern dein Hintern fetter.<< Nun, dachte er, habe er für die nächsten Stunden Ruhe, schloß seine Augen und genoß die vorbeiziehende Landschaft. Nach 10 Sekunden störte sie ihn schon wieder: >>hast du eigentlich eine Lebensversicherung abgeschlossen? Ich meine, für alle Fälle. Wir fahren ja schließlich ins Gebirge.<< Schlemihl antwortete: >>ich brauche keine Lebensversicherung. Ich möchte, daß alle richtig traurig sind, wenn ich mal sterbe.<< Endlich gab sie Ruhe.

Am Nachmittag kamen sie in ihrem Urlaubsziel an. Im größten europäischen Jodelimperium. Das Hotel sah ziemlich schäbig aus. Schlemihl fragte an der Rezeption: >>was kostet denn dieser Saustall pro Nacht?<< Die Dame an der Rezeption antwortete im einheimischen Dialekt: >>50 Euro pro Nacht und Sau.<< Er sagte zu seiner Gefährtin: >>hier sind wir nicht willkommen, laß uns in ein anderes Hotel gehen.<< Sie antwortete energisch: >>wir bleiben hier, es gibt kein anderes Hotel in diesem Ort.<<

Beim Eintrag ins Fremdenbuch lief eine dicke Wanze über den Kugelschreiber. Schlemihl sagte, mit einem Blick zu meiner Gefährtin: >>sieh mal, jetzt erkundigen sich die Biester schon nach unserer Zimmernummer.<< Aus Protest unterschrieb er nicht mit seinem Namen, sondern machte vier Kreuze. Seine Gefährtin zischte: >>was soll das? Wenn schon, dann macht man drei Kreuze. Wozu soll denn das vierte Kreuz sein?<< Schlemihl antwortete: >>das ist mein Doktortitel.<< Dann gingen beide in Richtung ihrer Zimmer. Der Hausbursche erwartete sie in einem kleinen Raum. Schon fing die Gefährtin zu meckern an: >>das Zimmer ist aber verdammt eng, konntest du kein größeres nehmen?<< Schlemihl antwortete gelassen: >>das ist doch erst der Fahrstuhl.<<

Endlich waren sie auf ihrer Suite. Das Zimmer war feucht und das Holz an der Decke fing bereits an zu faulen. Trotzdem zog Schlemihl seine Schuhe aus. Noch, bevor er sie auf den Boden werfen konnte, hatten sich darin Schimmelpilze gebildet. Er sagte lakonisch: >>wenigstens bekommt man hier auch im Sommer frische Pilze.<<

Nachdem er einen tiefen Zug von der herrlichen Landluft genommen hatte, nörgelte er auch gleich: >>in dieser zugefurzten Muffelbude hat ja seit Jahren keiner mehr gewohnt. Wir machen erst mal alle Fenster auf und lüften kräftig durch.<< Dann warf er sich auf das Sofa, um ein Nickerchen zu machen. Nach wenigen Sekunden begann er zu schnüffeln und meckerte: >>entweder du riechst so komisch, oder das Sofa ist mit verfaulten Kartoffeln gefüllt.<<

Seine Gefährtin hatte nicht zugehört. Sie stand bereits im Bad und machte eine Inspektion. >>sieh doch mal<<, sagte sie entrüstet, >>auf dem Dreckrand in der Badewanne kann man die Seife ablegen. Und, warum hat die Badewanne eigentlich zwei Abflüsse?<< Irritiert stand Schlemihl auf, ging ins Bad und sah sich die Badewanne an. >>Ist doch klar<<, sagte er, >>ein Abfluß ist für das warme Wasser und der andere ist für das kalte. Hast du vergessen, wo wir sind?<< Wir waren in Österreich. Das Gesicht seiner Gefährtin war immer länger geworden. Er fragte: >>was machst du denn jetzt für ein Gesicht?<< Sie antwortete giftig: >>wenn ich Gesichter machen könnte, hättest du schon längst ein neues.<< Dann begann sie sich wortlos einzurichten. Also wollte sie das Zimmer behalten. Er verzichtete auf einen Kommentar und verhielt sich für den Rest des Tages sehr zurückhaltend.

Am nächsten Morgen stellte sie sich auf die Badezimmerwaage, runzelte die Stirn und meinte: >>findest du mich dick?<< Vorsicht, diese Frage ist sehr gefährlich. Man sollte sie unbedingt mit nein beantworten. Jede andere Antwort ist falsch und bringt nur Ärger. Deshalb log er charmant: >>nein, du bist ein leichtes Mädchen.>> Dann sah er sie genauer an und fragte: >>du siehst so anders aus, hattest du nicht einen Schnauzbart?<< Sie tat, als hätte sie nichts gehört. Nun stellte er sich auf die Waage. Sie sah ihm zu und meinte: >>warum ziehst du den Bauch ein, wenn du auf der Waage stehst? Damit täuschst du dich doch nur selbst?<< >>Quatsch<<, sagte er, >>wie soll ich denn sonst das Gewicht ablesen?<<

Nun nörgelte sie weiter: >>übrigens, es stört mich, wenn du an den Nägeln kaust.<< Er protestierte: >>an den Nägeln kauen doch viele Männer?<< >>Kann schon sein<<, meinte sie, >>aber nicht an den Fußnägeln.<< Schon nervte sie weiter: >>hast du wenigstens ein Bad genommen?<< Er antwortete: >>wieso, fehlt eins?<< Nun fing er auch an zu meckern: >>wieso kramst du eigentlich dauernd in deinem Koffer?<< >>Ich suche meinen Bikini<<, antwortete sie. >>Den hat wahrscheinlich eine Motte gefressen<<, entgegnete er. Für heute hatten sie genug gestritten und machten nun die obligatorische Ortsbesichtigung. Viel gab es nicht zu sehen, aber jede Menge Läden zum einkaufen. Merkwürdig war nur, daß die Straßen Menschenleer waren. Da trat eine Verkäuferin aus einer Boutique, die er danach fragte. Lachend erklärte sie ihm: >>heute macht der Pfarrer eine Straßensammlung.<< >>Aber morgen ist es umgekehrt, da sammelt er in den Häusern. Sie werden dann schon sehen, was auf den Straßen los ist.<< >>Vielen Dank<<, meinte Schlemihl, >>ach, noch etwas, wo sitzt denn eigentlich ihr Chef?<< >>Woher wissen sie, daß er sitzt?<< antwortete sie und ging in den Laden zurück.

Obwohl dieses Gespräch nur wenige Minuten dauerte, hatte seine Begleiterin es fertiggebracht, in dieser kurzen Zeit eine große Summe für allen möglich Schnickschnack auszugeben. So etwas können nur Frauen. Er machte ihr deswegen Vorwürfe und sie verteidigte sich: >>täglich jammerst du, daß das Geld nichts wert ist und nun regst du dich auf, weil ich von diesem wertlosen Zeug ein paar Sachen gekauft habe.<< Gegen diese weibliche Logik kam er nicht an, machte aber doch noch einen halbherzigen Versuch und deutete auf ein Schaufenster: >>schau mal, was heute eine Tüte Bonbons kostet, fast zwei Euro. Früher kostete so etwas nur einen Pfennig. Und man bekam sogar noch Geld zurück.<< >>Das geht doch gar nicht<<, meinte sie und drückte ihm unzählige Einkaufstüten in die Hände. Jetzt sollte er das Zeug auch noch tragen. Für heute hatte er endgültig genug.

Am nächsten Morgen wollten sie einen längeren Ausflug machen. Sie fragten einen Einheimischen: >>welcher Weg ist am ungefährlichsten, wenn wir den Berg hinauf wollen?<< Der antwortete freundlich: >>gehen sie einfach den Kuhfladen nach. Da wo die Rindviecher gehen, kann ihnen auch nichts passieren.<< Der Weg führte am Friedhof vorbei und Schlemihls Begleiterin zog ihn mit hinein. >>Was willst du da? Willst du Probeliegen?<< fragte er verärgert. Dann las er die Inschriften auf einigen Grabsteinen und meinte: >>wenn man diese Inschriften liest, fragt man sich, wo eigentlich die Ganoven begraben sind.<< Den Friedhof ließen sie hinter sich und kamen bald an einer Wiese vorbei. Dort suhlten sich Schweine. >>Sieh mal, da sind deine Verwandten<<, sagte seine Begleiterin lachend. Er knurrte: >>ja, meine Schwiegereltern.<< Die nächsten hundert Meter brachten sie schweigend hinter sich, bis sie einen Bauernhof erreichten. Davor stand der Knecht mit einem Melkschemel in der Hand. Schlemihl rief ihm zu: >>hallo, Mister!<< Der rief zurück: >>ich bin nicht der Mister, ich bin der Melker.<< Das war wahrscheinlich der Dorftrottel des Monats. Schlemihl fragte ihn: >>wo ist der Bauer?<< Er antwortete: >>im Stall, er füttert dort die Schweine. Sie erkennen ihn sofort – er hat einen Hut auf dem Kopf.<< Unauffällig gingen sie weiter.

Nach einer Weile bemerkte Schlemihl: >>hier ist es wirklich schön. Wenn einer von uns sterben sollte, dann bleibe ich hier.<< Dann fragte er: >>gefällt es dir hier nicht auch?<< >>Du hast recht, die Landschaft macht mich sprachlos<<, antwortete sie. >>Dann bleiben wir doch vier Wochen<<, schlug er vor. Sie bedachte ihn mit einem eisigen Blick. Der Weg wurde nun immer steiler und er sagte: >>laß uns umkehren. Das wird mir doch zu anstrengend. Ich bin schließlich herzkrank.<< >>Was, herzkrank bist du? Ich möchte wissen, wo?<< Das war ihr ganzer Kommentar.

Aber sie hatte doch ein Einsehen, ging wieder Richtung Tal und steuerte auf die nächste Gaststätte zu. Es war ja bald Zeit für das Mittagessen. Erst im Innern des Restaurants sah Schlemihl, daß sie in einem Chinarestaurant gelandet waren. Hier in den Bergen! Die Höhenluft hatte wohl seinen Verstand vernebelt. Doch nun gab es kein Zurück mehr.

Sie setzten sich an irgend einen Tisch. Sie waren ja die einzigen Gäste. Der bleichnasige Kellner eilte herbei und legte ihnen Stäbchen vor die Nase. Schlemihl motzte: >>ich möchte hier essen und nicht stricken.<< Dann band er sich schon mal die Serviette um den Hals. Der Kellner grinste wie ein frisch geschlüpftes Ferkel und fragte spöttisch: >>Haare schneiden oder rasieren?<<

Sie einigten sich erst mal auf einen Kaffee. Nach einem Schluck aus der Tasse sagte Schlemihl: >>das ist der erste Kaffee, mit dem man sich auch die Haare waschen kann.<< Nun bekamen sie einen grünen Salat mit einigen undefinierbaren Dingen. Das einzig Grüne am Salat waren aber die Tomaten. Schlemihl rief den Kellner her und deutete auf den Teller: >>in meinem Salat krabbelt ein unbekanntes Tier herum.<< Der Kellner beugte sich dicht über ihn und sah sich das Tier an. Dann meinte er: >>Nee, nee, die kenne ich. Davon gibt's in der Küche Hunderte.<<

Ein unangenehmer Duft stieg Schlemihl in die Nase. Der Kerl roch wie parfümiertes Schweinefett. Vielleicht hatte er sogar einen toten Hamster in der Hose? Um ihn endlich loszuwerden sagte Schlemihl: >>wenn sie schon mal zufällig hier sind, bringen sie mir doch eine Tüte guten Rotwein.<<

Bei der Vorspeise gab es leider einen Zwischenfall. Schlemihl hatte sich mit roter Soße sein weißes Hemd bespritzt, sah hinunter und meinte: >>mein Gott, ich sehe ja aus wie ein Schwein.<< >>Ja, das stimmt<<, meinte seine Begleiterin,<<und vollgekleckert hast du dich auch noch.<< Dann sprach sie vorwurfsvoll: >>der Arzt hat dir doch verboten, beim Essen Wein zu trinken.<< >>Na, schön<<, meinte Schlemihl, >>dann soll der Kellner das Essen halt wieder wegtragen.<<

Nachdem sie dieses Restaurant ohne größere Unfälle überstanden hatten, gingen sie in Richtung Hotel.

Inzwischen war es bereits Abend geworden. In der Luft sah man plötzlich ganze Schwärme von Glühwürmchen. Schon tagsüber hatten sie die Mücken geplagt, deshalb sagte Schlemihl: >>nichts wie weg. Jetzt suchen die schon mit Taschenlampen nach uns.<<

Am nächsten Morgen schaute er zum Fenster hinaus und sagte seufzend: >>heute wird es ein schöner Tag.<< Dann sprach er weiter: >>hattest du nicht einmal gesagt, eines schönen Tages würdest du mich verlassen?<< Die Antwort blieb sie ihm schuldig. Dafür meckerte sie: >>zieh die Vorhänge zu, sonst können die Leute gegenüber mich nackt sehen.<< >>Da kann ich dich beruhigen<<, meinte er, >>wenn die dich nackt sehen, ziehen sie ihre Vorhänge selber zu.<<

Jetzt kam Schlemihl ins schwärmen: >>wußtest du eigentlich, daß ich früher ein Wunderkind war?<< >>Oh, ja<<, sagte sie, >>mit sechs Jahren hast du genauso viel gewußt, wie heute.<< Er ließ nicht locker: >>du kannst doch froh sein, daß du mich hast. Männer wie ich wachsen nicht auf Bäumen.<< >>Nein<<, korrigierte sie ihn, >>die schwingen sich gewöhnlich von Ast zu Ast.<< Dann sprach sie weiter: >>übrigens der Zoo hat angerufen, die würden dich gerne wiederhaben.<< Er ließ sich jedoch nicht mehr provozieren.

Nun kam sie ins Zimmer und sah den Telefonhörer auf dem Tisch liegen. Sie trat an den Tisch und wollte den Hörer auflegen. Schnell sagte Schlemihl: >>deine Mutter spricht noch.<< Dann sah er sie genauer an und fragte: >>seit wann trägst du eigentlich eine Brille?<< >>Seit ich eine Fliege an der Wand totschlagen wollte<<, antwortete sie. >>Wieso das<<, fragte er? >>Es war ein Nagel<<, meinte sie. Dann begann sie überall herumzusuchen und fragte: >>wo ist eigentlich mein neues Buch, das ich im Urlaub lesen wollte?<< >>Wie war der Titel<<, fragte er? >>Wie werde ich 100 Jahre alt<<, antwortete sie. >>Ach das<<, meinte er, >>das habe ich verbrannt. Deine Mutter wollte es lesen.<<

Über Nacht war ein Kälteeinbruch gekommen. Aus der Wasserleitung kamen nur noch Eiswürfel. Den Kaffee für das Frühstück mußten sie aus der Dose hacken und die Milch wurde in Scheiben serviert. Sie entschlossen sich zur Rückreise. Das war das erste Mal in dieser Woche, daß sie einer Meinung waren. Aber seine Gefährtin wollte noch unbedingt zur Kurverwaltung. >>Warum denn das?<< fragte Schlemihl. Weißt du was?<< sagte sie, >>heute bestellen wir uns eine Kurtaxe. Wir waren jetzt eine Woche hier und sind kein einziges Mal damit gefahren.<< Was sollte er da noch sagen? >>Das geht nicht<<, meinte er, >>am Vormittag haben die geschlossen.<< >>Und am Nachmittag<<, fragte sie? >>Da ist sowieso zu<<, erwiderte er. Damit war das auch geklärt und nach einem unvergeßlichen Urlaub kehrten sie reumütig nach Hause zurück. Denn dort ist es noch immer am Schönsten.

# Frau Butomil

*Schäkern mit der Nachbarin? Warum nicht? Aber auch ein lockeres Gespräch kann schnell zu Mißverständnissen führen.*

Schlemihl hatte eine neue Nachbarin. Sie hörte auf den schönen Namen Butomil. Das ist doch mal was anderes als Meier, Müller, Schmidt oder Öcgül. Leider hat er mit dem ungewöhnlichen Namen seine Schwierigkeiten, deshalb nennt er sie immer Frau Buttermilch. Doch sie nimmt ihm das nicht übel. Wahrscheinlich versteht sie ihn sowieso nicht richtig.

Neulich lief sie ihm über den Weg und machte ihm einen Vorwurf: >>ihre Katze hat heute Morgen meinen Wellensittich gefressen.<< >>Gut, daß sie das sagen Frau Buttermilch<<, bedankte er sich, >>heute bekommt sie nichts mehr.<<

Um sie von seiner Katze abzulenken sprach er schnell weiter: >>stellen sie sich vor, gestern hat mir ein Wahrsager erzählt, ich würde uralt werden.<< >>Ach ja?<<, meinte sie, >>anderen Leuten fällt das auch schon auf?<< Wollte ihn die alte Eule etwa beleidigen? Dem mußte er gleich entgegenwirken: >>was macht eigentlich ihr Sohn? Ich hörte, er sei jetzt bei der Kripo? Gefällt es ihm dort?<< >>Weiß ich nicht<<, meinte sie, >>sie haben ihn erst vor einer halben Stunde abgeholt.<<

Nun hatte er doch etwas Mitleid und ging einige Schritte mit ihr. Ohne Vorwarnung, blieb sie plötzlich stehen und jammerte: >>heute ist sowieso ein ganz beschissener Tag. Jetzt mußte ich auch noch die Putzfrau entlassen, weil sie gestohlen hatte.<< Schlemihl war schon 10 Meter weiter und mußte wieder zurücklaufen: >>was fehlte denn?<< >>Die Bettlaken aus dem Hilton und die Tischdecken aus dem Imperial<<, meinte sie empört.

Nun fiel ihm auf, daß sie ganz in schwarz gekleidet war und er sprach sie darauf an: >>aha, deshalb trauern sie also?<< >>Quatsch<<, meinte sie, >>seit letzter Woche bin ich Witwe.<< >>Oh, mein Beileid<<, meinte er, >>aber ihrem Mann geht es gut?<<
Das kapierte sie nicht und bedankte sich auch noch. Nun hatten sie fast die ganze Familie durch, es fehlte nur noch die Tochter. Kaum hatte er diesen Gedanken zu Ende geführt fing sie schon damit an. >>Meine Tochter<<, meinte sie, >>hat jetzt einen neuen Job. Sie verteilt die Rollen im Theater. Da hat sie große Verantwortung.<< Da hatte Schlemihl aber einen Einwand: >>das kann doch nicht so schwierig sein, in jede Toilette muß doch nur eine Rolle.<<
Endlich kam sie darauf, daß er es wohl nicht so ernst meinte und erkundigte sich nach seiner Gefährtin: >>ich habe ihre Freundin gesehen, geht es ihr nicht gut? Sie sah so blaß aus?<< >>Gut geht es ihr nicht, aber besser<<, antwortete Schlemihl. Darauf meinte sie: >>aber das ist doch gut, wenn es ihr schon wieder besser geht?<< Schnell konterte er: >>ja schon, aber noch besser wäre es, es würde ihr wieder gut gehen.<<
Sie dachte kurz über das gesagte nach und fing zu sticheln an: >>ihr neues Buch ist nicht schlecht, wer hat es denn geschrieben?<< >>Schön, daß es ihnen gefällt<<, stichelte er zurück, >>wer hat es ihnen eigentlich vorgelesen?<< Sie stichelte aber weiter: >>wie ich hörte, haben sie einen neuen Job?<< >>Ja, das ist kein Geheimnis<<, meinte er, >>ich helfe den Mädchen von der Sansi-Bar beim umziehen. Für hundert Euro die Woche.<< >>Was?<<, meinte sie, >>so wenig?<< >>Ja<<, antwortete er, >>aber mehr kann ich einfach nicht zahlen.<<
>>Übrigens<<, fuhr sie fort, >>ich hörte, sie hatten Geburtstag?<< >>Oh ja, das war eine tolle Feier<<, antwortete Schlemihl, >>meine Freundin hat mir sogar ein Spanferkel geschenkt.<< Ironisch meinte Frau Buttermilch: >>das sieht ihr aber ähnlich.<< >>Woher wis-

sen sie das?<<, fragte er erstaunt, >>haben sie es gesehen?<<

Nun wurde es schon etwas heftiger. Schnippisch sagte sie: >>sie haben doch sicher auch einen Doktortitel?<< >>Wieso?<<, fragte er. >>Um so dumm daherreden zu können, muß man schon akademisch gebildet sein<<, meinte sie. Dann sprach sie weiter: >>sollten sie nicht wieder zu den Müllsäcken zurück?<< Und mit einem Blick die Straße hinauf: >>schnell verstecken sie sich, die Müllabfuhr kommt.<< Dann rauschte sie davon. Dabei murmelte sie so etwas ähnliches wie alter Sack oder Arschgesicht vor sich hin. Genaueres verstand er nicht. Aber ihn konnte sie damit ja nicht meinen.

# Der Hasenflüsterer

*Zuchtkaninchen oder Schlachthase? Die Entscheidung hängt oft nur an einem einzigen Punkt.*

Eigentlich wollte Schlemihl in das Vereinsheim des Fußballvereins, landete aber irrtümlich bei den Kleintierzüchtern. Dort wurde er herzlich aufgenommen und mußte auch gleich die Zuchtanlage besichtigen. Dann gab es reichlich Freibier, Wein und Schnäpse. Er hatte den leisen Verdacht, daß er abgefüllt werden sollte. Aber sein Widerstand war bereits gebrochen. Vom Rest des Tages bekam er nichts mehr mit.

Am nächsten Tag war er stolzer Besitzer eines Hasen und einer Häsin. Auch einen Stall hatte man ihm für die Beiden schon zugewiesen. Offenbar hatte er am Abend davor ein Aufnahmeformular unterschrieben. Jetzt war er Mitglied und aktiver Züchter, obwohl er von Hasen und Kaninchen keine Ahnung hatte.

Erst war er sauer. Dann dachte er, euch werde ich das heimzahlen und die Vereinsmeisterschaft holen. Ein guter Bekannter, ein alter Kaninchenzüchter, hatte schon viele Preise bei Ausstellungen geholt. Von ihm ließ er sich einige Tricks beibringen, die ihm die Meisterschaft ermöglichen sollten. Nun mußte er sich nur noch für eine Kaninchenrasse entscheiden, die kein Vereinskollege hatte.

Die anderen Züchter hatten Standardrassen wie Alaska, Blaue Wiener, Deutsche Riesen, Havanna und Englische Widder. Dann entdeckte er auch noch Japaner, Kalifornier, Neuseeländer, Thüringer, Holländer und Russen. Jetzt war er doch verwirrt. Das sollten alles Kaninchen sein? Egal, er fand in der Züchterzeitung einen Hinweis über Löwenkopfkaninchen. Das war's. So etwas hatte er gesucht.

Er besorgte sich gleich ein Pärchen von dieser seltenen Rasse. Damit hatte er einen Grundstock, mit dem er beginnen konnte. Die Meisterschaft war ihm jetzt schon sicher. Natürlich blieb das Einsetzen der Tiere in die Ställe nicht unbemerkt. Ein Vereinskollege wies ihn darauf hin, daß man mit dieser Rasse nicht auf eine Ausstellung dürfte. So ein Klugscheißer! Um sicher zu gehen, informierte er sich genau. Der Kollege hatte tatsächlich Recht. Er versuchte, die Tiere einem anderen anzudrehen, aber inzwischen hatte sich seine Panne schon herumgesprochen. Zu dem Gespött der Vereinsmitglieder blieb er auch noch auf seinen Löwenköpfchen sitzen. Nun wollte er erst Recht die Meisterschaft.

Die Löwenköpfchen brachte er zu einem Kindergarten. Dort waren sie gut aufgehoben. Aber nun brauchte er neue Tiere. Er entschied sich für Hasenkaninchen. Die sahen den Hasen noch am ähnlichsten. Für den Anfang mußte ein Paar genügen. Nun begann er mit der Zucht.

Um die lästige Konkurrenz auszuschalten, mußte er bereits bei den nächsten Jungtieren eingreifen. An einem Vormittag, als alle bei der Arbeit waren, schlich er sich in die Zuchtanlage. Er sah sorgfältig nach, ob nicht hinter irgend einem Stall noch ein Züchter herumgruschtelt. Die Luft war sauber. Nun setzte er die verschiedenen Rammler zu den Häsinnen in die Käfige. Alaska zu Widder. Japaner zu Russen. Deutsche Riesen zu Holländern. Engländer zu Neuseeländern. Er achtete sogar darauf, daß er Nationen zusammenbrachte, die sich nicht leiden konnten.

Dann wartete er eine Stunde. Das mußte genügen. Nun wollte er die Rammler wieder in ihre Käfige zurücksetzen. Das bereitet ihm große Schwierigkeiten, da er in einigen Fällen nicht mehr wußte, wo er sie hergenommen hatte. Am Ende gelang es ihm doch, alle richtig zurückzusetzen. In dieser Stunde hatte er einiges über Kaninchenrassen gelernt.

Dieser Vormittag hinterließ Spuren. Seine Arme und Hände waren völlig zerkratzt und er konnte sich 14

Tage lang nicht mehr im Vereinsheim sehen lassen. Als alle verräterischen Spuren verschwunden waren, traute er sich wieder hin und erzählte allen, er sei verreist gewesen.

Als einige Wochen später die ersten Jungtiere geboren wurden war die Überraschung und der Ärger groß. Viele Züchter hatten Bastarde und Farbmischungen, mit denen man nicht weiterzüchten konnte. Und für die Ausstellung waren sie schon gar nicht zu gebrauchen. In diesem Jahr würde es also viele Schlachthasen zu Weihnachten geben. Und irgendwie taten ihm die kleinen Häschen auch leid. Aber nicht lange. Von seinem eingeschlagenen Weg ließ er sich jetzt nicht mehr abbringen.

Die Züchter verdächtigten sich gegenseitig. Schlemihl, als Neuling, war über jeden Verdacht erhaben. Nun versuchten die betroffenen Züchter, noch einen zweiten Wurf Jungtiere zu bekommen und diesmal paßten sie auf ihre Kaninchen auf. Schlemihl war trotzdem nicht beunruhigt. Er wußte, daß der zweite Wurf bis zur Ausstellung nicht das nötige Gewicht haben würde. Ein Punktabzug war also sicher.

Auch seine Kaninchen hatten Junge. Acht schöne Tiere, die sich prächtig entwickelten. Alles lief nach Plan und er sah der Kaninchenschau am Ende des Jahres mit großer Erwartung entgegen. Bis dahin gab es aber noch einige Hürden abzuräumen. Einige Züchter hatten ihre Kaninchenställe zu Hause. Im Garten, im Hof, in der Garage. An diese kam er nicht ran. Da mußte er sich etwas anderes einfallen lassen.

Endlich war es soweit. Die Woche der Ausstellung war gekommen. Im Laufe der Woche wurden die Tiere von den Züchtern in die Ausstellungskäfige eingesetzt. Zuvor wurden sie sauber herausgeputzt, das Fell wurde gebürstet und die Krallen wurden geschnitten. Das ist besonders wichtig, da keine Züchter wegen dem Pflegezustand einen Punktabzug haben möchte. Das wäre eine Blamage.

Nun konnte er noch einiges anstellen. Er öffnete unbemerkt einen Käfig und versteckte sich. Es dauerte nicht lange und die Tiere rannten auf dem Gelände herum. Sofort waren alle Züchter dabei, die Tiere wieder einzufangen. Das war aber gar nicht so einfach. Die Häschen waren verdammt schnell und schlugen Haken. In der allgemeinen Aufregung konnte er nun unbemerkt seine Manipulationen vornehmen. Bei den weißen Kaninchen puderte er das Fell mit Kreide ein. Bei der Bewertung würde der Preisrichter sicher in das Fell reinblasen und die Tiere durchfallen lassen. Bei den blauen Wienern malte er mit Nagellack die Krallen rot an. Das sah man auf den ersten Blick nicht. Aber der Preisrichter würde das nicht übersehen. Bei helleren Rassen färbte er den Bauch gelb ein. Es sah aus, als hätten sie wochenlang im Urin gestanden. Das hört sich alles gemein an, aber der Zweck heiligt die Mittel.

Von seinen Tieren hatte er bereits vor Monaten die 4 schönsten ausgesucht und tätowieren lassen. Diese wurden sorgfältig geputzt und auch die Krallen wurden sauber geschnitten. Das durfte man auf keinen Fall vergessen. Die Meisterschaft war ihm so gut wie sicher.

Endlich war es soweit. Der Preisrichter war gekommen, um die Tiere zu bewerten. Als Schlemihls Tiere an der Reihe waren wurde er schon etwas nervös. Ein Träger brachte das erste Tier zum Preisrichter. Dieser nickte anerkennend mit dem Kopf. Dann schaute er in die Ohren nach den Tätowierungen. Er verglich die eintätowierte Nummer mit der Nummer auf der Bewertungsurkunde und schüttelte den Kopf. Dann mußte der Träger die anderen 3 Tiere bringen. Auch hier dasselbe Spiel. Der Blick in die Ohren und ein heftiges Kopfschütteln. Was war passiert? Auf alle vier Bewertungsurkunden schrieb der Preisrichter mit roter Farbe N.B., das heißt wohl "nicht bewertet" oder vielleicht "nächstes mal besser"?

Hatte er vielleicht die falschen Tiere ausgestellt? Wie konnte ihm so etwas passieren? Der Preisrichter gab ihm die Gelegenheit, die richtigen Tiere zu holen. Er wollte diese dann doch noch bewerten. Diese Großzügigkeit half Schlemihl aber nicht weiter. Die anderen 4 Tiere hatte er ja bereits geschlachtet und die Felle zum trocknen aufgespannt. Um sicher zu gehen, ging er zu den Fellen und leuchtete mit einer Taschenlampe in die Ohren. Tatsächlich, da waren die fehlenden Tätowiernummern. Er hatte die falschen Hasen geschlachtet. Da hing seine Vereinsmeisterschaft, auf dem Gestell, zum trocknen.

Seine Karriere als Züchter hatte, kaum begonnen, auch schon geendet. Vereinsmeister wurde, wie jedes Jahr, der Züchter mit den Deutschen Riesen. Diese wurden nicht nach dem Aussehen sondern nach dem Gewicht bewertet. Und einige waren so groß wie Schäferhunde.

*

# Schlemihls Tischgespräche

*Manche Frauen beklagen sich, daß ihre Partner zuwenig mit ihnen reden. Andere wären darüber glücklich.*

Am frühen Morgen erwachte Schlemihl völlig verkatert. Sein Schädel brummte und im Mund hatte er einen Geschmack, als hätte er einen nassen Badeschwamm gegessen. Die Wanduhr zeigte bereits halb zwölf an. Aber nach dem Stand der Sonne konnte es erst neun Uhr sein. Höchste Zeit, etwas zu frühstücken. Mühsam schleppte er sich in die Küche und murmelte vor sich hin: >>wenn all zu früh der Morgen graut, dann ist der ganze Tag versaut.<< Am Küchentisch saß seine Lebensgefährtin und beschäftigte sich mit einem Rätselheft. Ohne aufzusehen fragte sie: >>hast du schon gefrühstückt?<< >>Nein, noch keinen Tropfen<<, brummte er. Dann fing er an zu jammern: >>ich glaube, ich habe eine Lederallergie.<< >>Das ist doch Blödsinn<<, bemerkte seine Gefährtin. >>Kein Blödsinn<<, knurrte er, >>als ich aufwachte, hatte ich noch die Schuhe an. Und jetzt brummt mir der Schädel.<<

>>Ich möchte zu gerne wissen, wo du die ganze Nacht gewesen bist<<, meinte sie. >>Ich auch<<, stammelte er, >>aber stelle mir bitte keine Fragen, dann erzähle ich auch keine Lügen.<< Da kam aber schon der erste Erinnerungsfetzen: >>ganz dumpf weiß ich noch, daß ich mit einigen Jungs ein Wetttrinken veranstaltet habe.<< >>Das rieche ich<<, kam der Kommentar vom Küchentisch, >>und wer wurde Zweiter?<<

So leicht ließ er sich nicht durcheinander bringen: >>ich kann mich noch vage erinnern, daß ich in einem Polizeiauto gesessen habe. Vor mir war ein Hubschrauber und hinter mir ein rosarotes Schwein. Ergibt das einen Sinn?<< >>Natürlich<<, meinte sie, >>du hast auf einem Kinderkarussell gesessen.<<

>>Du hast sogar noch Glück gehabt<<, fuhr sie fort, >>dabei hättest du dir auch alle Knochen brechen können. Und wenn man sich in deinem Alter noch einen Knochen bricht, wird man sofort erschossen.<< Mit einem Blick zum Fenster sprang sie plötzlich auf und rief: >>die Müllabfuhr kommt endlich.<< >>Sage ihnen, heute brauchen wir nichts<<, bemerkte Schlemihl sarkastisch.

Schließlich ging sie wieder zu ihrem Rätselheft und fing auch gleich an zu nerven: >>weißt du, was ein Vegetarier ist?<< Das wußte er zufällig: >>das ist einer, der seine Wurst beim Gärtner kauft.<< Sie nervte weiter: >>bayerisches Waldtier mit A.<< >>Das ist immer noch A Hirsch<<, sagte er.

Hoffentlich hat sie bald genug, dachte er. Heute tat er sich wirklich schwer mit den Antworten. Gedankenverloren studierte er den Wandkalender und bemerkte: >>dieses Jahr fällt Weihnachten auf einen Freitag.<< Schon kam der Kommentar: >>hoffentlich nicht auf einen 13.<<

Bevor er reif für die Klapsmühle war klingelte das Telefon. Seine Gefährtin ging ran und sprach zwanzig Minuten. Als sie fertig war fragte er wer dran war. Sie meinte lakonisch: >>ach, falsch verbunden.<< Und da wundert man sich, daß die Telefonrechnung inzwischen höher als die Miete ist.

Seelenruhig konzentrierte sie sich wieder auf das Rätselheft. Gleich würde sie ihn wieder mit Fragen quälen. Schon ging es los: >>ein anderes Wort für Geld mit zwei O in der Mitte?<< >>Das ist natürlich Moos<<, sagte er. Dann setzte er noch eine Lüge drauf: >>neulich wurde ein Russe am Magen operiert und stell dir vor, was die Ärzte in seinem Magen fanden? Moos, richtiges grünes Moos.<< Ungläubig sah sie ihn an: >>wie soll denn das Moos in seinen Magen gekommen sein?<< >>Na ja, das war wohl ein Moskauer<<, meinte er beiläufig.

Nach dem Frühstück wollte er sich die Hände waschen. Normal macht man das ja eigentlich vorher. Aber was ist heute schon normal? Mit nassen Fingern tastete er nach einem Handtuch. Sein Griff ging ins Leere. Da hatte doch jemand die alten Handtücher in die Wäsche gegeben und vergessen, neue aufzuhängen. Laut protestierend stürmte er in die Küche und zeigte seine klatschnassen Hände. Unbeeindruckt meinte sie: >>du kannst ja die Hände zum trocknen aus dem Fenster halten.<< >>Du hast gut reden<<, sagte er, >>und wenn ich nun ein Sitzbad genommen hätte?<<

Nun ging er auf die Suche nach seinen Schlüsseln und seinem Geldbeutel. Wo hatte er die letzte Nacht eigentlich hingelegt? Schließlich wurde er im Kühlschrank fündig. Neben der Salami lagen seine Schlüssel und im Obstfach sein Geldbeutel. Dabei fand er auch seine Armbanduhr, die er schon seit Tagen vermißte.

Er wagte einen vorsichtigen Blick in den Geldbeutel. Darin herrschte totale Übersicht und gähnende Leere. Zu seiner Gefährtin sagte er: >>gestern habe ich beim Rennen 500 Euro verloren, glaube ich.<< >>Dann gehe halt langsam<<, meinte sie lakonisch.

Nun war es Zeit für eine kleine Überraschung: >>morgen wirst du berühmt<<, sagte er, >>da bin ich in einer Talkshow mit dem Thema "Meine Freundin ist eine Niete".<< Dann fuhr er fort: >>jetzt gehe ich in die Stadt und treffe ein paar alte Freunde.<< >>Ich dachte immer, die seien schon alle tot<<, meinte sie. >>Nein, nur verheiratet<<, sagte er.

Sie blieb erstaunlich ruhig und zeigte keine Reaktion. Also meckerte er einfach weiter: >>wir werden hemmungslos alle Frauen anbaggern.<< Jetzt kam endlich eine Reaktion: >>auch die, mit den 3-Tage-Bärten?<< Beleidigt verzog er sich. Jetzt hatte sie den Salat und konnte ihre Rätsel alleine lösen. Oder, war er vielleicht der mit dem Salat?

*

# Ein Windhund zum Dessert

*Man sollte seine Liebste gelegentlich zum Essen ausführen. Auch wenn es dafür keinen Grund gibt.*

Leider hat Schlemihl eine Schwäche. Er kann sich keine Geburtstage oder Ähnliches merken. Deshalb lädt er seine Gefährtin gelegentlich auf Verdacht zu einem guten Essen ein. Von den guten Restaurants in der Stadt hatte er aber keine Ahnung. Seine Kenntnisse erschöpften sich bereits im Bereich der Fastfood-Ketten. Also mußte er suchen. Am Besten würde er am Stadtrand beginnen und sich dann in Richtung Stadtmitte vorarbeiten.

Das erste Lokal hatte den Namen "Die Schnalle". Dieser Name war vielsagend und die Bedienung paßte auch dazu. Höflich fragte Schlemihl: >>was können sie uns heute empfehlen?<< >>Das Restaurant gegenüber<<, quetschte die Schlampe zwischen den Lippen hervor, dabei nahm sie noch nicht einmal ihre Zigarette aus dem Mund. Beide folgten sofort ihrer Empfehlung.

Das Restaurant gegenüber hieß "Ziegenbock". In der Ecke fanden sie einen einigermaßen sauberen Tisch und setzten sich. Die Mäntel behielten sie vorsichtshalber an. Dienstbeflissen kam auch schon der Wirt herangeeilt. >>Wir hätten gerne Brathähnchen<<, sagte Schlemihl. >>Die sind ausgegangen<<, antwortete der Wirt. Darauf Schlemihls Gefährtin: >>und wann kommen sie wieder?<<

Dann meinte Schlemihl, mit einem Blick auf die Tischdecke: >>die Tischdecke sieht aber nicht appetitlich aus.<< >>Tut mir leid<<, sagte der fette Wirt, >>ich wußte nicht, daß sie die mitessen wollten.<< Nun mischte sich die Gefährtin wieder ein: >>außerdem hat die Decke ein großes Loch.<< Der häßliche Wirt sah sie schief an und grinste: >>Moment, ich bringe ihnen Nadel und Faden.<<

Nun fiel Schlemihl auf, daß der Wirt doch ziemlich schmuddelig war und er sagte: >>komm Liebling, hier sind wir nicht willkommen.<< Dann verließen sie das ungastliche Haus.

Das nächste Restaurant hieß "Die Eule". Hier sah es freundlicher aus und die Wirtstochter brachte auch gleich die Speisekarten. Schlemihl fragte sie: >>warum heißt das Lokal eigentlich "Die Eule"?<< Die nette Bedienung antwortete kokett: >>Sie haben sicher meine Mutter noch nicht gesehen.<< >>Na schön<<, sagte Schlemihl, >>bringen sie mir erst mal ein großes Glas, halb mit Martini und halb mit Wodka.<< >>Mit ner Zitronenscheibe?<<, fragte die Wirtstochter. Empört antwortete Schlemihl: >>wenn ich Obstsaft will, bestelle ich einen.<<

Dann studierte er die Karte. Abwartend blieb die junge Frau stehen und meinte: >>unsere Schnecken kann ich ihnen empfehlen, die sind echte Renner und stadtbekannt.<< >>Kenne ich<<, sagte Schlemihl, >>bin schon mal von einer bedient worden.<< Schließlich entschieden sie sich aber für den Schweinebraten. Die junge Dame fragte höflich: >>möchten sie unseren herrlichen Eiswein probieren?<< Als alter Weinkenner antwortete Schlemihl: >>ja, aber nur einen Würfel.<<

Nach längerer Wartezeit brachte der Wirt selbst den bestellten Schweinebraten. Mit einem Blick auf den heraneilenden Wirt sagte Schlemihl laut: >>da kommt das Schwein.<< Zum Glück hatte der Wirt ihn nicht gehört. Aber kaum hatte er die Teller abgestellt, wollte Schlemihl auch schon das Besteck an der Tischdecke abwischen. Mit einem leisen Vorwurf in der Stimme meinte der Wirt: >>das Besteck ist sauber, so machen Sie nur die Tischdecke schmutzig.<<

Nach den ersten Bissen sagte die Gefährtin: >>das Essen schmeckt scheußlich.<< >>Da bin ich ganz deiner Meinung<<, bestätigte Schlemihl, >>da hätten wir auch zu Hause essen können.<<

Nachdem der Hauptgang nicht so richtig schmeckte, wollten sie wenigstens einen Nachtisch haben. Sie entschieden sich für Kaffee und Kuchen. Die Tochter des Hauses brachte das gewünschte und blieb abwartend am Tisch stehen. Schlemihl versuchte den Kaffee und fragte stirnrunzelnd: >>ist das Tee oder Kaffee?<< Darauf fragte die Tochter: >>wie schmeckt es denn?<< Auf Verdacht sagte Schlemihl: >>wie ein nasser Badeschwamm.<< >>Dann ist es Kaffee<<, meinte Töchterlein, >>unser Tee schmeckt nach Seife.<<

Nun probierte die Gefährtin einen Bissen vom Kuchen und fragte: >>ist das Apfel- oder Pfirsichkuchen?<< Die Antwort kam nun deutlich unfreundlicher: >>wenn Sie das nicht schmecken, ist es doch völlig egal.<< Jetzt reichte es den beiden.

Obwohl sie mit dem Service nicht zufrieden waren, bezahlten sie dann doch alles. Beim Verlassen des Lokales nahm Schlemihl jedoch zwei Schirme mit. Auf der Straße zeigte er sie stolz seiner Gefährtin und meinte: >>heute kannst du mit mir zufrieden sein. Heute habe ich nicht nur an meinen Regenschirm gedacht, sondern auch an deinen.<< Erstaunt sagte sie: >>wir hatten doch gar keine Schirme dabei!<<

# Chaotische Jagd

*Immer mehr Schicki-Mickis zieht es in die freie Natur. Mit Loden, Filz und Gewehr frönen sie einem exklusiven Hobby. Der Jagd. Aber sind das auch richtige Jäger?*

Schlemihls neuer Chef hat ein exklusives Hobby. Er geht gerne auf die Jagd. Ab und zu lädt er auch Mitarbeiter zu einem Jagdausflug ein und diesmal traf es Schlemihl. Vom Jagen hielt er nicht viel, aber absagen konnte er auch nicht. Sonst hätte er sich alle Karrierechancen verbaut. Also heuchelte er Begeisterung und versprach am kommenden Samstag pünktlich anzutreten.

Er stellte sich auf einen gemütlichen Ausflug ein, als sein Chef noch eine Bemerkung machte: >>denken Sie daran, wir treffen uns Samstag früh um 5 Uhr im Jagdrevier.<< Schlemihl protestierte: >>ist das nicht zu früh? Das ist ja mitten in der Nacht! Um 9 Uhr ist das doch auch noch früh genug.<< Der Ahnungslose.

Sein Chef klärte ihn kurz über einige Punkte auf: >>morgens um 5 Uhr ist das Wild zum äsen auf den Wiesen am Fluß. Später verschwindet es dann tief im Wald. Da kommen wir nicht mal mit unserem Geländewagen hin.<< Dann fuhr er fort mit seinen Belehrungen: >>um 8 Uhr sind bereits Beeren- und Pilzsammler unterwegs.<< Schlemihl hatte einen Einwand: >>und wie ist es am Nachmittag?<< >>Da gehört der Wald den Selbstmördern<<, entgegnete sein Chef. Nun war ihm klar, wenn jeder seine Zeit einhielt, gab es auch keine Schwierigkeiten. Er dachte bereits wie ein Profi.

Am Samstag, früh um 5 Uhr traf die Jagdgesellschaft am Waldrand ein. Lauter Herren und Damen aus der vornehmen Gesellschaft. Ärzte, Anwälte, Unternehmer und Banker. Alle waren in feinen Loden und Leder gekleidet und hatten Jagdhüte aus grünem Filz aufgesetzt. Ihre Gewehre blitzten und funkelten. Einer hatte sogar eine Streitmayer-Doppelbockflinte im Wert eines Einfamilienhauses. Hier und da sah er auch Blaser und Sauer. Kein Gewehr war unter 10.000 Euro. Von Waffen verstand er ja etwas. Zu dieser Gesellschaft paßte er wie ein bunter Schuh.

Unter seiner Parka (bei der Bundeswehr geklaut) trug er ein T-Shirt mit der Aufschrift: "Jäger verpisst euch, keiner vermißt euch". Dies wollte er bei Gelegenheit zeigen. Aber bei dieser illustren Gesellschaft verließ ihn der Mut.

Auf das Hörnerblasen wurde großzügig verzichtet. Man wollte das Wild nicht erschrecken. Nun trat der Jagdherr vor und verkündete: >>das Motto unseres Jagdvereins ist "Lernen sie schießen und treffen sie neue Freunde".<< Dann gab er noch einige Anweisungen: >>gehen Sie im Revier aufrecht und schwenken Sie ihren Hut. So werden Sie nicht mit einer Wildsau verwechselt.<< Dann sprach er weiter: >>an einem bestimmten Platz haben wir ein Luder ausgelegt. Dort können wir dann den Fuchs erwischen.<< Schlemihl wandte sich an seinen Chef: >>ich dachte Luder gibt es nur beim Autorennen?<< Seinem Chef war das peinlich und er raunte: >>in der Jägersprache ist das Luder ein totes Tier, das man auslegt um Raubwild anzulocken.<< >>Aha<<, sagte Schlemihl und tat so, als ob er alles verstanden hätte.

Nun bestieg die Jagdgesellschaft die bereitstehenden Geländefahrzeuge. Damit konnten sie kühn bis zum Fluß vorstoßen und ihre Jagdstiefel blieben dabei sauber. Endlich erreichte die Gesellschaft ihren Schießplatz. Jeder bekam einen Platz zugewiesen und sollte diesen nicht verlassen. Damit war sichergestellt, daß sich die feinen Herrschaften nicht gegenseitig abknallten. Eigentlich schade.

Nun wartete Schlemihl mit seinem Chef auf das Wild. Das Wild ließ aber auch auf sich warten. Wahrscheinlich hatten die Viecher heute frei genommen. Als es Schlemihl immer langweiliger wurde begann er mit seinem Chef ein belangloses Gespräch. Einen sogenannten Smalltalk. Er deutete auf den edlen Jagdhund seines Chefs und fragte: >>was ist der Unterschied zwischen einem Jäger und seinem Jagdhund?<< >>Keine Ahnung<<, sagte der. >>Der Jagdhund hat mehr Prüfungen<<, ergänzte Schlemihl trocken. Dann fuhr er fort: >>es soll ja Hunde geben, die sind klüger als ihre Besitzer.<< >>Ja<<, sagte sein Chef, >>so einen haben Sie bestimmt zu Hause.<<

Dann meinte sein Chef: >>eines ist schon sonderbar an meinem Hund. Immer, wenn ich schieße, wirft er sich auf den Boden, streckt die Beine in die Höhe und jault.<< >>Aha<<, meinte Schlemihl, >>und was macht er, wenn Sie mal treffen?<< >>Das weiß ich nicht,<< antwortete sein Chef, >>ich habe ihn erst seit 5 Jahren.<< >>Aber klug ist er<<, sprach er weiter, >>neulich habe ich ihm mit Wasser verdünnte Milch hingestellt. Was glauben Sie, was er machte? Schlappt er doch die Milch heraus und läßt das Wasser übrig.<< Dann lehnte er sich grinsend zurück. Wahrscheinlich hatte er gelogen, genauso wie bei der letzten Lohnverhandlung.

Nun, Schlemihl konnte genau so gut lügen: >>ich hatte mir mal einen Schweißhund gekauft, von einem Herrn Schindler. Nach einer Woche mußte ich ihn zurückgeben.<< >>Warum denn das?<<, fragte sein Chef. >>Ganz einfach<<, meinte Schlemihl, >>das W war an der falschen Stelle. Tatsächlich hatte er mir einen Scheißhund verkauft, der Schwindler.<<

Nun standen die Beiden bereits zwei Stunden in der Gegend herum und bisher hatte sich noch nicht mal eine streunende Katze sehen lassen. Inzwischen konnte auch der Chef seine Langeweile nicht mehr verbergen und meinte: >>kommen Sie mit, wir sehen uns mal den Hochsitz an. Von dort oben sehen wir bestimmt, wo sich das verdammte Wild herumtreibt.<< Nach wenigen Schritten standen sie vor dem baufälligen Hochsitz. Schlemihl nörgelte: >>wußten Sie, daß man jetzt in den

Hochsitzen auch Rolltreppen einbaut?<< >>Nein<<, meinte sein Chef, >>wozu denn das?<< >>Damit auch die Körperbehinderten jagen können und nicht nur die geistig Behinderten<<, antwortete Schlemihl. Nun war sein Chef sauer und schleppte ihn erst recht den Hochsitz hinauf. Das Ding war auch ganz schön wackelig. Plötzlich sah er angestrengt zur Lichtung hinüber und meinte: >>haben Sie zufällig ein Glas dabei?<< >>Nein, tut mir leid<<, antwortete Schlemihl, >>ich trinke immer aus der Flasche.<< Nun begann er zu labern: >>letztes Jahr war ich in Ostafrika. Da habe ich einen Elefanten geschossen. Eigentlich wollte ich nur Enten schießen, aber beim Hinflug ist mir meine Brille zerbrochen.<< Der Chef sah ihn zweifelnd an. Wahrscheinlich hielt er seine Geschichte für Jägerlatein. Aber sie war tatsächlich nicht gelogen.

Nun sprach sein Chef: >>letzte Woche habe ich 20 Enten geschossen.<< >>Wilde Enten?<< fragte Schlemihl. >>Nein<<, antwortete sein Chef, >>wild war nur der Bauer, dem sie gehörten.<<

Inzwischen war es bereits 9 Uhr und sie mußten die Jagd so langsam beenden. Sie wollten nicht aus Versehen einen Pilzsammler oder ein Kräuterweiblein erschießen. Nach und nach trafen auch die anderen am Sammelplatz ein und man begann die Strecke auszulegen. Einige hatten tatsächlich etwas geschossen. Der Herr Oberstudienrat hatte sogar einen Hasen in der Hand. Schlemihls Chef gratulierte: >>Weidmannsheil, Herr Oberstudienrat, da haben Sie aber großes Jagdglück gehabt.<< >>Ja<<, antwortete dieser, >>wo ich doch auf einen Fasan gezielt hatte.<<

Nun schritt Schlemihl mit seinem Chef die Strecke ab. Da lagen jede Menge Kaninchen. Er erkannte blaue Wiener, Japaner, belgische Widder und sogar einen deutschen Riesen. Das waren doch alles Stallhasen? Da lag so manches Weihnachtsgeschenk, das als Zwerghase gekauft wurde und sich dann zu einem Riesenrammler entwickelte. Dieser wurde dann einfach im

Wald ausgesetzt. Schlemihl nervte seinen Chef nochmals: >>wo sind eigentlich die Hunde und Katzen, die Streuner, die geschossen wurden? Ich sehe hier keinen liegen.<< Zum erstenmal gab der Chef keine Antwort. Zum Abschluß der erfolgreichen Jagd trafen sich alle zu einem Umtrunk im Jagdhaus. Beim Eintreten rief der Kreisjägermeister in unsere Richtung: >>na, habt ihr euren Hasen geschossen?<< >>Das wäre zuviel gesagt<<, rief Schlemihl zurück, >>aber einigen haben wir einen gewaltigen Schrecken eingejagt.<< Dann setzten sie sich mit den Honoratioren zusammen und tranken einen Jagertee nach dem anderen. Die Stimmung wurde zusehends lockerer und der Direktor einer Fabrik begann zu prahlen: >>ich habe neulich eine Wildsau geschossen, die war so schwer, daß ich sie mit dem Autokran fortschaffen lassen mußte.<< Der Staatsanwalt mischte sich ein: >>ich habe letzten Monat einen Hirsch geschossen, der war so groß, daß ich 50 Bäume fällen mußte, damit ich ihn aus dem Wald heraus bekam.<< Nun konnte Schlemihl sich auch nicht mehr zurückhalten und erzählte: >>ich habe neulich einen Silberreiher geschossen. Als der runterfiel, stiegen 130 Leute aus.<<

Jetzt wollte sein Chef auch noch einen zum Besten geben: >>ich habe neulich aus Versehen eine Kuh getroffen. Als plötzlich der Jagdaufseher auftauchte, steckte ich der Kuh schnell einen Hasen ins Maul und sagte, sie hat gewildert.<< Inzwischen wurde Schlemihl immer langweiliger und die Witze wurden immer blöder. Es war Zeit, die Gesellschaft zu verlassen. Alle waren nun so betrunken, daß er sich heimlich davonstehlen konnte.

Eine wertvolle Erkenntnis hatte er aber an diesem Tag gewonnen: Es wird niemals so viel gelogen, wie vor der Wahl, während des Krieges und nach der Jagd.

*

# Seltsame Begegnungen

*Wer hatte sie noch nicht, diese seltsamen Begegnungen? In einem Leben kommt da schon einiges zusammen. Aber, alles an einem Tag?*

Eigentlich war es ein Tag wie jeder andere. Doch es sollte ein Tag der unheimlichen Begegnungen werden. Die erste unheimliche Begegnung hatte Schlemihl bereits am frühen Morgen. Seine Gefährtin betrat gedankenverloren das Wohnzimmer. Er sagte zu ihr: >>stell dir vor, heute Nacht hatte ich einen furchtbaren Traum. Ich träumte, ich sei von einem Terroristen erschossen worden. Als ich heute morgen aufwachte und in den Spiegel sah, hatte ich tatsächlich ein Loch in meinem Kopf.<< >>Das ist ja schrecklich<<, meinte sie mit falschem Mitleid, >>und was passierte dann?<< >>Als ich den Mund zumachte<<, entgegnete er, <<war das Loch verschwunden.<< >>Ich habe heute Nacht auch geträumt<<, meinte sie, >>ich träumte, du hättest mir 1000 Euro geschenkt.<< >>Das ist ja viel Geld für einen Traum<<, sagte er, >>aber, na schön, du kannst es behalten.<<

Nun zeigte sie ihm ein seltsames Tier: >>schau mal, was ich auf meinem Kopfkissen heute morgen gefunden habe. Was für ein ekliges Vieh?<< Mit fachmännischem Blick hatte er das Tierchen schnell eingeordnet: >>das ist der gemeine Gehirnfresser, aber dieser hier ist verhungert.<< Völlig unbeeindruckt, ging sie zum Briefkasten und holte einen Brief heraus. Brutal riß sie den Umschlag auf und begann zu lesen: >>sieh mal, wir bekommen Geld von der Hausverwaltung zurück. Das ist die Belohnung, daß ich letzten Winter mit Verstand geheizt habe.<< >>Deshalb war es auch immer viel zu kalt<<, antwortete er.

Ungerührt sprach sie weiter: >>du kannst auch deiner Bekannten ausrichten, daß sie nicht mehr bei uns putzen darf.<< >>Nur, weil sie ab und zu etwas abstaubt?<< fragte er. >>Nein<<, antwortete seine Gefährtin, >>ich habe jetzt eine gefunden, die nicht klaut.<< >>Und noch was<<, sagte sie, >>ich habe die Betten und das Konto überzogen. Nur, damit du Bescheid weißt.<<

Schlemihl wußte schon immer, wann es Zeit ist zu verschwinden: >>ich geh noch mal schnell mit dem Rottweiler raus<<, sagte er und verließ ich die Wohnung. Im Hinausgehen hörte er noch wie sie ihm nachrief: >>wir haben doch gar keinen Rottweiler.<< Eilig ging er den Gehweg entlang und sah aus den Augenwinkeln, wie ihm ein fettarschiger Orang-Utan hinterherrannte. Sein Nachbar. Der rief ständig nach ihm. Gnädig ließ Schlemihl ihn etwas aufholen, dann beschleunigte er wieder seine Schritte. Japsend und keuchend erreichte der Nachbar ihn dann doch noch. Nach Luft schnappend, fragte er: >>hast du mich nicht rufen hören?<< >>Tut mir leid, nein<<, log Schlemihl, >>du mußt einen schlechten Ruf haben.<<

Als er wieder normal atmete meinte er: >>du siehst aber gar nicht gut aus, was ist denn mit dir los?<< Bestätigend nickte Schlemihl mit dem Kopf und antwortete: >>schleppe du mal zehn Stunden am Tag zentnerschwere Säcke aus einem Lastwagen in den sechsten Stock.<< >>Oh, das ist hart<<, meinte der Nachbar, >>wie lange machst du das schon?<< >>Nächsten Montag fange ich an<<, sagte Schlemihl.

Nun wurde der Nachbar aufgeregter: >>stell dir vor, heute Nacht habe ich meinen Hansi erschossen.<< >>Was, deinen Sohn?<< rief Schlemihl mit gespieltem Entsetzen. >>Nein, Hansi war mein Wellensittich<<, beruhigte der Nachbar den Schlemihl. Dann sprach er aufgeregt weiter: >>um 3 Uhr heute Nacht klingelte mein Telefon. Ich greife neben mich und erwische, anstatt des Telefonhörers den geladenen Revolver. Beim aufheben löst sich ein Schuß, geht knapp an meinem Kopf vorbei und trifft den Vogel. Ist das nicht schrecklich?<< >>Du hast recht<<, sagte Schlemihl mitfühlend, >>da fällt mir ein, heute Nacht habe ich dich angerufen, aber du hast dich nicht gemeldet. Seltsam?<<

Nach kurzer Zeit hatte sich der Nachbar wieder beruhigt und meinte: >>na, ja, bald wohnen wir in einer schöneren Gegend.<< Schlemihl entgegnete: >>und wir in einer ruhigeren.<< Erstaunt fragte der Nachbar: >>ihr zieht auch um?<< >>Nein<<, sagte Schlemihl, >>wir bleiben.<< Dann meinte der Nachbar: >>wir brauchen eine größere Wohnung, weil meine Tochter schwanger wurde.<< Neugierig fragte Schlemihl: >>und weißt du auch schon von wem?<< Entrüstet protestierte der Nachbar: >>na, hör mal, was erlaubst du dir?<< >>Schon gut<<, beschwichtigte Schlemihl ihn, >>ich dachte nur, du wüßtest es.<<

>>Was haben wir nur falsch gemacht?<< fragte der Nachbar mit weinerlicher Stimme, >>sie mußte doch jeden Abend um Elf ins Bett?<< >>Na, ja<<, meinte Schlemihl, >>die Zeit hat sie vielleicht eingehalten, aber mit der Adresse hat sie es wohl nicht so genau genommen.<<

Völlig verwirrt stolperte der Nachbar nun weiter. Das war die Gelegenheit, für Schlemihls Abgang. Inzwischen war es fast Mittag und er ging zurück. Wahrscheinlich hatte seine Gefährtin mal wieder nichts gekocht. Aber es ist Brauch, daß um 12 Uhr zu Mittag gegessen wird. Egal, ob es etwas zu essen gibt oder nicht. Deshalb hatte er es auch eilig. Aber schon trat ihm ein anderer Nachbar in den Weg und fragte: >>wieso rennst du eigentlich so?<< >>Geht nicht anders<<, belog Schlemihl ihn, >>ich komme gerade vom Arzt und habe jetzt hinten einen Druckverband und vorn ein Zugpflaster.<< Der Nachbar ließ sich aber nicht beirren und meinte: >>deine Ausreden waren auch schon besser.<<

Dann fragte der Nachbar weiter: >>treibst du auch noch Sport?<< >>Na, klar<<, protzte Schlemihl, >>Tennis, Fußball, Boxen, Golf, Schwimmen, Marathon und Leichtathletik.<< >>Unglaublich<<, sagte sein Nachbar, >>wann machst du das alles?<< Cool antwortete Schlemihl: >>nächste Woche fange ich damit an.<< Damit, dachte er, habe ich ihn abgewimmelt. Der Nachbar quatschte aber lustig weiter: >>stell dir vor, gerade komme ich aus der Sauna. Kein Wort habe ich dort verstanden.<< >>Warum nicht?<< fragte Schlemihl. >>Ach<<, meinte der Nachbar, >>die sprachen alle schwitzerdeutsch.<< Glücklich, daß er einen aufmerksamen Zuhörer hatte, erzählte er weiter: >>nach der Sauna war ich auch noch Golfspielen. Zum allerersten mal. Und ich habe nur 72 Schläge gebraucht.<< >>Das ist ja europäische Weltklasse<<, meinte Schlemihl unbeeindruckt. >>Ja, das denke ich auch<<, sagte der Nachbar, >>es lief schon ganz gut. Und nächste Woche versuche ich es mit dem zweiten Loch.<<

Nun bemerkte Schlemihl, daß ihn der Schnarchsack auf den Arm genommen hatte. Schlemihl ließ ihn einfach stehen und stolperte auf seine Haustür zu. Aber heute hatte sich wohl alles gegen ihn verschworen. Jetzt stand sein Nachbar von Gegenüber mit seinem Hund vor der Tür. Er hatte einen dicken Kopfverband. >>Hallo Nachbar<<, rief Schlemihl ihm zu, >>ich habe dich ja schon mindestens 20 mal nicht mehr gesehen. Warst du verreist?<< >>Nein<<, rief der zurück, >>die Treppe bin ich runter gefallen und habe vier Wochen gelegen.<< >>Was?<< rief Schlemihl mit gespieltem Entsetzen, >>und keiner hat dich aufgehoben?<< Über diesen Scherz konnte der gar nicht lachen.

Um ihn abzulenken deutete Schlemihl auf seinen Hund und fragte: >>wie heißt dein Köter eigentlich?<< >>Weiß ich nicht<<, meinte der Nachbar, >>er will's mir nicht sagen.<< >>Aber wachsam ist er<<, sprach er weiter, >>er bellt schon, wenn ich auch nur von einem Einbrecher träume.<< Jetzt war es Zeit für einen würdevollen Abgang: >>wir brauchen keinen Wachhund und auch keine Alarmanlage. Wir haben den besten Schutz gegen Einbrecher. Neugierige Nachbarn.<< Jetzt hatte der auch genug, drehte sich um und zog seinen Hund mit ins Haus hinein. Schlemihl tat es ihm nach und ging ebenfalls zurück ins Haus. Zu seinem Liebling. Kaum hatte er das Haus betreten, wurde er auch schon von seiner Gefährtin überfallen. Sie hatte inzwischen eingekauft und redete nun aufgeregt auf ihn ein: >>stell dir vor, im Laden ging eine Person mit geballten Fäusten auf mich zu und beschimpfte mich.<< Schlemihl tröstete sie: >>das war sicher eine Affekthandlung.<< >>Nein<<, protestierte sie, >>eine Weinhandlung.<< Nun fragte er doch nach: >>kannst du die Person wenigstens beschreiben?<< >>Aber sicher<<, sagte sie, >>mittelgroß mit einem Bart.<< >>Mann oder Frau?<< fragte Schlemihl. Da war sie auch schon wieder sauer. Für den Rest des Nachmittags zog Schlemihl sich in sein Arbeitszimmer zurück. Von diesen unheimlichen Begegnungen hatte er für heute genug.

Bis zum Abend hielt er es aus, dann wurde ihm die Luft zu stickig und er ging noch mal spazieren. Um keinem mehr zu begegnen, wählte er den Uferweg entlang des Flusses. Dunkel war es inzwischen auch schon geworden. Gedankenverloren stolperte er den Weg entlang, da blieb ihm fast das Herz stehen. Neben einem Gebüsch stand eine dunkle Gestalt mit einem Schlapphut. Unter dem Hut kam eine dünne Stimme hervor: >>hey Alter, haste mal Feuer?<< Schlemihl überlegte, wenn einer nachts nach Feuer fragt, will er bestimmt nicht rauchen. Vielleicht sollte er ihm ein bis zweimal ohne Vorwarnung in die Fresse hauen? Statt dessen antwortete Schlemihl: >>nein, ich rauche nicht mehr, meine Feuerzeuge habe ich alle an eine Pyromanin verschenkt.<<

Der Typ ließ nicht locker und nervte: >>hey, ich kann dir aus der Hand lesen. Für zwanzig Euro sage ich deine Zukunft voraus.<< Nun wurde Schlemihl etwas mutiger, der Kerl war schließlich doch nur ein Zwerg: >>was, aus der Hand willst du mir lesen? Hier im Dunkeln? Wenn du auch nur etwas davon verstehen würdest, dann wüßtest du, daß ich gar kein Geld habe.<< Trotzdem ließ der Zwerg nicht locker und nervte weiter: >>haste mir wenigstens was zu essen?<< Frech antwortete Schlemihl: >>die Abfalleimer stehen doch schon draußen?<< Aber dann hatte er doch Mitleid und meinte: >>okay, ich gebe dir was.<< Erwartungsvoll kam der Zwerg näher und fragte: >>was denn?<< >>Hundert Meter Vorsprung<<, antwortete Schlemihl.<< Mit jämmerlicher Stimme klagte der Zwerg: >>ich war ein vielversprechender Student, mußte aber mein Studium abbrechen.<< >>Warum das?<< fragte Schlemihl. >>Altersschwäche<<, antwortete der.

Schlemihl wollte schon weitergehen, da trat der Zwerg plötzlich dicht an ihn heran und raunte: >>hey, du kennst doch sicher die Irrenanstalt für ganz schwere Fälle, in der Nähe? Was die wohl für Gesichter machen, wenn sie merken, daß ich nicht mehr da bin?<< Dann begann er wie verrückt zu lachen. Das klang schaurig in der Nacht und war sehr überzeugend. Am ganzen Körper verspürte Schlemihl eine Gänsehaut und fing an zu zittern. Endlich, dachte er, endlich habe ich eine verwandte Seele gefunden. Einen größenwahnsinnigen Psychopaten.

Plötzlich kam der Mond hinter den Wolken hervor und es wurde so hell, daß er seinen Gegenüber erkannte. Es war der Dorftrottel, der vollgesoffene alte Sack. Verärgert motzte Schlemihl ihn an: >>lauerst du hier einer alten Dame auf, um ihre Handtasche zu klauen?<< >>Nein<<, lachte der Gnom, >>das ist heute viel zu gefährlich. Heute beherrschen die Kung Fu, Karate und Teakwondo. Du kannst froh sein, wenn du überlebst.<< Dann laberte er weiter: >>ich arbeite jetzt fürs Ordnungsamt, als Nanana-Mann.<< >>Was ist denn das für einer?<< fragte Schlemihl. >>Ganz einfach<<, sagte der Gnom, >>ich gehe von Gebüsch zu Gebüsch und sage laut: Na, na, na, das dürft ihr hier aber nicht.<<

Wütend starrte Schlemihl in sein grinsendes Gesicht. Vielleicht gelang es ihm, es wie einen Unfall aussehen zu lassen. Er konnte ja sagen, der Zwerg wäre gefallen und hätte sich den Hals gebrochen. Aber hier, im hellen Mondlicht? Wenn er nun beobachtet wurde? Schlemihl kam zu einem Entschluß und hatte soeben einem Menschen das Leben gerettet.

# Bucklige Verwandtschaft

*Manche Besucher sieht man gerne und lädt sie wieder ein. Aber es gibt auch Besucher, die sind wie Ratten. Was sie nicht fressen, tragen sie weg.*

Nach einem wunderbaren Frühstück begann Schlemihl mit den täglichen Pflichten und legte sich erst einmal auf das Sofa. Da hatte aber ein weibliches Wesen etwas dagegen und störte die Idylle: >>geh doch schon mal einkaufen und bringe auch Kartoffeln mit. Am Besten 10 Kilo. Du kannst ja kleine nehmen, dann hast du leichter zu tragen.<< Mühsam raffte Schlemihl sich auf und meinte ironisch: >>brauchst du vielleicht noch einen Liter Blumenkohl, oder einige Flaschen Pommes?<< Sie hatte aber längst das Zimmer verlassen. Das machte sie immer so.

Nach drei Stunden war er schon wieder zu Hause. Stirnrunzelnd fragte sie: >>wo bleibst du denn so lange? Konntest du nicht früher kommen?<< >>Ich stand im Stau<<, entschuldigte Schlemihl sich lahm. >>Konntest du nicht überholen?<<, fragte sie vorwurfsvoll?<< >>Nein<<, entgegnete Schlemihl, >>ich war ja der Vorderste.<< >>Männer fahren halt doch besser<<, kommentierte sie. >>Daß du das endlich einsiehst?<<, sagte Schlemihl. Sie sprach ihren Satz zu Ende: >>mit dem Bus oder der Bahn.<<

>>Wie siehst du eigentlich aus?<<, meinte sie, als sie ihn näher betrachtete, >>hattest du etwa einen Unfall?<< Für Erklärungen war er jedoch nicht in Stimmung und log sie an: >>ich wollte nur einem Pitbull-Besitzer klarmachen, daß die Schnauze seines Köters genau so beschissen aussieht, wie seine eigene.<<

Nun schnupperte sie und nörgelte: >>warum riechst du so komisch? Kommst du etwa aus dem Bordell?<< >>Woher weißt du, wie es in einem Bordell riecht?<<, stellte Schlemihl eine Gegenfrage. Die Antwort blieb sie ihm schuldig. Nach dieser herzlichen Begrüßung setzten sie sich erst mal an den Mittagstisch und begannen zu essen. Aber schon ging es weiter. >>Heute schmeckt das Essen aber komisch?<<, meckerte Schlemihl. Die Antwort war bissig: >>suchst du schon wieder Streit?<< Nach einem Bissen meinte sie: >>du hast recht, die Salzkartoffeln schmecken wirklich komisch. Hast du sie nicht abgewaschen, wie ich dir gesagt habe?<< >>Natürlich habe ich sie abgewaschen. Was glaubst du denn? Sogar mit Seife<<, antwortete Schlemihl selbstsicher.

Zwischendurch bemerkte er: >>haben wir eigentlich noch Leberwurst im Kühlschrank?<< >>Wozu brauchst du jetzt Leberwurst?<<, fragte sie erstaunt. Damit war seine Frage schon beantwortet und er fuhr fort: >>im Supermarkt haben sie erzählt, in der Leberwurst hätte man Mottengift gefunden.<< Ironisch fragte sie: >>war das nicht schon immer drin?<< >>Na ja<<, meinte er, >>theoretisch ist alles möglich.<<

>>Beeile dich<<, meinte sie, >>jeden Moment kommen mein Bruder Benno und meine Schwägerin zu Besuch.<< Kaum hatte sie ausgesprochen, ging auch schon die Türglocke. Schnell rannte Schlemihl zur Tür und öffnete: >>fühlt euch wie zu Hause, aber benehmt euch nicht so.<< Dabei dachte er: Verwandte im Wohnzimmer sind schlimmer als Ratten im Keller. Nun tat er so, als würde er in der Nase bohren und hielt Benno die Hand zur Begrüßung hin. Kopfschüttelnd schob der die herzlich ausgestreckte Hand zur Seite und zwängte sich am Schlemihl vorbei.

Da fiel Schlemihl erst auf, daß Benno einen großen weißen Turban trug. Sofort fragte er danach. >>Ach<<, meinte der, >>eine Mücke hat mich bei der Gartenarbeit gestochen.<< >>Und deshalb dieser riesige Verband?<< fragte Schlemihl. >>Das war nicht der Stich<<, meinte Benno, >>meine Frau hat die Mücke mit dem Spaten erledigt.<<

Nun machten sie es sich alle im Wohnzimmer bequem und das übliche Gelaber begann. In England nennt man das Smalltalk. In dieser Disziplin war Schlemihl Meister. Deshalb nannten ihn die Nachbarn hinter seinem Rücken auch Dumpflaberer und Dummschwätzer. Auf dieses Image war er sogar stolz. Immer noch Besser, als gar kein Image.

Schlemihl riß sofort das Gespräch an sich: >>unsere Politiker werden auch immer jünger. Manche haben sogar noch ihre eigenen Zähne.<< Bennos Frau nickte bejahend, obwohl sie keine Ahnung hatte, wovon Schlemihl eigentlich sprach. Er sah sie nun genauer an und war verwirrt. Ihre Frisur sah aus, wie eine explodierte Klobürste. War das den anderen nicht aufgefallen? Benno brachte ihn gleich wieder aus dem Konzept, indem er an dem Wein herummeckerte: >>der ist ja trüb.<< >>Kann doch nicht sein<<, protestierte Schlemihl und hielt das Glas gegen das Licht. >>Na also, da haben wir es schon<<, meinte er mit einem Seitenblick auf seine Gefährtin, >>das Glas ist schmutzig.<< Nach einiger Zeit machte ihn Benno auf sein leeres Glas aufmerksam. >>Willst du noch eins?<<, fragte Schlemihl. >>Was soll ich mit zwei leeren Gläsern?<<, meinte Benno mit schwerer Zunge.

Nun gab auch Bennos Frau einen Laut von sich und rief in Richtung Küche: >>bringst du mir ein Mineralwasser mit?<< Aus der Küche tönte es zurück: >>schrei doch nicht so, ich bin doch nicht schwerhörig. Mit oder ohne Milch?<< Inzwischen servierte Schlemihl die kalte Platte mit Aufschnitt (ohne Leberwurst mit Mottengift). Benno schnupperte an der Wurst und meinte: >>an der kalten Platte fehlt doch etwas?<< Schlemihl sah genauer hin, konnte aber nichts entdecken: >>was denn?<< >>Das K<<, meinte Benno.

Dann erzählte Benno: >>auf der Herfahrt sahen wir ein neues Standbild. Was ist das für ein Denkmal?<< Schlemihl hatte mal wieder keine Ahnung und antwortete: >>hau ihm doch einfach die Nase ab, dann kannst du es morgen in der Zeitung lesen.<<

Das Niveau dieser Unterhaltung hatte inzwischen seinen tiefsten Punkt erreicht. Doch Gottseidank war es schon Abend geworden und Schlemihl fragte: >>darf ich euch noch etwas bringen? Kaffee? Tee? Eure Mäntel?<< Erstaunlich, den Wink verstanden die beiden sogar und verabschiedeten sich. Jovial schäkerte Schlemihl: >>kommt doch mal wieder, wenn ihr weniger Zeit habt.<<

Nachdem die beiden endlich gegangen waren, wurden Schlemihl von seiner Gefährtin heftige Vorwürfe über sein Benehmen gemacht. >>Ich verstehe dich nicht<<, protestierte Schlemihl, >>ich bin doch ein umgänglicher Mensch. Und wenn ich Freunde hätte, könnten die das auch bestätigen.<<

# Schlemihl und die Oper

*Eine Überraschung zum Geburtstag, sorgfältig geplant und vorbereitet ist interessant. Interessanter sind aber ungeplante Überraschungen.*

Es fing bereits an dunkel zu werden, da kam Schlemihls Gefährtin endlich von der Arbeit nach Hause. >>Wo warst du denn so lange?<<, fragte Schlemihl vorwurfsvoll. Spontan kam die Antwort: >>heute habe ich Überstunden gemacht.<< >>Aha, was habt ihr gefeiert?<<, fragte Schlemihl. >>Meinen Geburtstag<<, meinte sie spitz. Autsch! Er erbleichte. Jetzt hatte er den Salat.

Dann meinte sie: >>glaubst du, ich koche nur Kaffee im Büro? Ich muß auch Kopfarbeit machen.<< Kläglich antwortete er: >>frisieren kannst du dich doch zu Hause.<< Empört schnupperte sie in der Luft und meckerte: >>du hast schon wieder im Wohnzimmer geraucht. Weißt du nicht, daß Nikotin ein schleichendes und langsam wirkendes Gift ist.<< >>Na und?<<, antwortete er, >>soll ich dir zuliebe vielleicht Arsen rauchen?<<

Bevor die Situation eskalierte meinte er mitfühlend: >>du siehst so erschöpft aus? Hast wohl wieder den ganzen Tag deine Handtasche aufgeräumt?<< Bevor sie darüber nachdenken konnte, meinte er: >>das schmutzige Geschirr in der Küche brauchst du heute, an deinem Geburtstag, nicht zu spülen. Das kannst du morgen machen.<<

Sie hörte überhaupt nicht hin und meinte: >>damit ich wenigstens etwas von meinem Geburtstag habe, gehen wir heute abend in die Oper.<< Davor konnte er sich nun nicht mehr drücken. Den Rückweg hatte er sich verbaut. Also fügte er sich dem Unvermeidlichen.

Natürlich kamen sie zu spät zur Oper. Im Saal war es bereits dunkel und die Werbung hatten sie wohl verpaßt. Die Platzanweiserin sagte ironisch: >>kommen sie doch herein, wir haben extra für sie gelüftet.<< Dann raunte sie Schlemihl ins Ohr: >>seien sie aber leise, die Oper hat schon angefangen.<< >>Wieso leise?<<, raunte Schlemihl zurück, >>schlafen die Zuschauer schon?<<

Seine Gefährtin war auch schon wieder verschnupft und meinte schnippisch: >>ist unser Platz auch wirklich ganz nah an der Bühne?<< >>Aber sicher, gnädige Frau<<, antwortete die Platzanweiserin hochnäsig, >>noch eine Reihe näher und sie stehen mit auf dem Programm.<< Die wurde Schlemihl immer sympathischer.

Mitten in der Aufführung rief ein Schauspieler plötzlich: >>ein Pferd, ein Pferd, ein Königreich für ein Pferd!<< Schlemihl rief laut zurück: >>würde es ein Esel nicht auch tun?<< >>Sicher<<, rief der Schauspieler, >>kommen sie doch herauf.<<

Bevor es peinlich wurde rief ein anderer Zuschauer: >>macht doch bitte das Licht auf der Bühne aus, damit ich endlich schlafen kann.<< Sofort rief Schlemihl: >>bitte nicht, ich möchte noch meine Sportzeitung zu Ende lesen.<< Seine Gefährtin hielt sich schnell das Programmheft vors Gesicht, damit sie keiner erkannte.

Endlich gab es eine Pause. Im Foyer nahmen beide ein Getränk zu sich. Schlemihl sagte: >>probier doch mal, schmeckt gar nicht mal so gut. Riecht auch etwas streng. Vielleicht ist ein Löffelchen Arsen drin?<<

Nach der Pause fanden sie im Dunkeln ihre Plätze nicht mehr. Plötzlich sah Schlemihl ein Licht auf sie zukommen und sagte: >>pass auf, da kommt ein Fahrrad.<< Es war aber dann doch die nette Platzanweiserin, die sie zu ihrem Platz brachte. Schlemihls Begleiterin stolperte verwirrt hinterher.

Den nächsten Akt überstand er nicht mehr und schlief ein. Plötzlich rüttelte ihn seine Gefährtin am Arm und zischte: >>sieh mal, der Kerl neben mir schläft.<< >>Und deshalb weckst du mich?<<, knurrte er, >>ich brauche meinen Schlaf, sonst sehe ich bald so aus wie du.<<

Jetzt hatte sie endgültig genug von seinem Genörgel und meinte: >>also gut, laß uns gehen. Den Rest des Stückes kenne ich sowieso. Hat es dir wenigstens gefallen?<< >>Es war mir ein entsetzliches Vergnügen<<, antwortete er erleichtert. Für die nächsten Monate würde er wohl von der Oper verschont bleiben.

# Der Bücherwurm

*Jeder sollte gelegentlich eine Bibliothek von innen sehen. Wirklich Jeder?*

In Schlemihls Terminkalender hatte er für den heutigen Tag ein großes B vermerkt. Leider hatte er keine Ahnung, was das bedeuten sollte. Also versuchte er die Memorymethode und begann das Alphabet durchzuarbeiten. Mit dem Buchstaben A war er schnell durch. Alle Wörter sagten ihm nichts. Also nahm er sich das B vor. Bad, Bank, Baumarkt, Bäcker, Bahn? Ergab alles keinen Sinn. Weiter ging es mit Besenwirtschaft, Beichte, Bioladen, Bowling? Auch diese Wörter sagten ihm nichts. Also weiter, Bratwurst, Brille, Buch, Bücherei – Klick! Das war es. Schlemihl wollte endlich mal in die neue Bücherei.

Ein kurzer Blick auf die Uhr – 10 Uhr. Da mußte er sich beeilen, damit er im Lesesaal noch einen Sitzplatz bekam. Sonst mußte er wieder "Krieg und Frieden" im stehen lesen. Zuerst packte er jedoch ein Freßpaket zusammen. Dann fuhr er zur Stadtbibliothek. Vor dem neuen Gebäude blieb er kurz stehen und freute sich über die deutsche Bezeichnung. Es hätte ja auch "Library" dort stehen können.

Heute wollte er sich mal ein neues Buch aussuchen. Dabei hatte er aber nichts Bestimmtes im Sinn. Im vordersten Regal waren die Neuerscheinungen wahllos verteilt und bei dem ersten Titel "Die unmoralischen Möglichkeiten des Intellektuellen in der totalitären Gesellschaft" wurde ihm schon übel.

Daneben stand die Biographie eines deutschen Radprofis "Wer hat mein Fahrrad in den Kühlschrank gestellt". Auf eine Biographie hatte er aber keinen Bock. In der untersten Reihe entdeckte er zwei Kinderbücher "Hauptmann Schlumpfli in der Straßenbahn" und "Otto

Otter und Anton Ameise im Nirgendwoland." Die Beiden kamen da schon in die engere Wahl.

Dann sah er das Buch eines Tiroler Bergsteigers "Der Aufstieg zum Tschomolungma". Eine Dokumentation über die Besteigung des Mount Everest. Schon wollte er zugreifen, da sah er ein kleines dünnes Buch. Das hatte nur 10 Seiten "Wer hat dem Maulwurf auf den Kopf geschissen?" Der Titel war vielversprechend. Bis zur Schließung der Bibliothek konnte er das gerade noch schaffen.

Im Lesesaal war tatsächlich noch ein Platz frei. Ganz hinten, in der Ecke, da wo das Licht der Lampen nicht mehr hinreichte. Das reichte ihm, er hatte ja Augen wie ein Adler. Aus den Augenwinkeln bemerkte er aber, daß noch zwei andere Besucher diesen Platz ansteuerten. Der Eine hatte eine Gehhilfe und der Andere einen Blindenstock. Damit hatte Schlemihl klare Vorteile, die er auch gnadenlos ausnützte. Den Wettlauf entschied er klar für sich und erreichte den freien Platz als Erster. Der Mann mit der Gehhilfe drehte enttäuscht ab und nahm den anderen gleich mit. Schlemihl machte es sich gemütlich, packte sein Fresspaket aus und sah sich um.

Am Nebentisch saß ein Glatzköpfiger. Auf seinem Kopf spiegelten sich die Deckenlampen. Neben ihm entdeckte Schlemihl einen Brillenträger mit einer riesigen Brille. Die Gläser sahen aus wie die Böden von Weinflaschen. Mindestens 20 Dioptrien, schätzte er. Am Tisch daneben saß ein Stadtstreicher. Den kannte er persönlich, der konnte überhaupt nicht lesen. Der wärmte sich hier nur auf.

Hinter ihm hatte sich einer mit fettigen Haaren breitgemacht. Den kannte er auch flüchtig. Seine Kleidung war ziemlich schmutzig, trotzdem war der mit allen Wassern gewaschen. Vor sich, auf dem Tisch, hatte er ein Drama von Shakespeare liegen. Was für ein Angeber! Tatsächlich las er einen Comic. Dann entdeckte Schlemihl einen weiteren Bekannten mit einem Klassiker "Der Tod des Sokrates" in der Hand. Er beugte sich zu ihm hinüber, deutete auf das Buch und flüsterte: >>früher lehrten uns die Griechen Philosophie und heute leeren sie die Mülleimer.<< Leider verstand der den tieferen Sinn dieser Aussage nicht.

Weiter hinten sah Schlemihl Charly, ein Original. Einen Charly gibt es in jedem Ort und er ist immer ein Original. Charly hatte vor sich Luchterhands neue Steuertabellen liegen. Bestimmt hatte er sich im Regal vergriffen und wollte das nun nicht zugeben. Dann ließ Schlemihl seine Blicke weiter schweifen und entdeckte eine geheimnisvolle Frau. Sie las gerade das Buch "Der Rosenkrieg". Oh Gott, dachte er, der Ehemann tut mir jetzt schon leid.

Fürs erste hatte er genug gesehen und vertiefte sich in seine Lektüre. Er war noch nicht einmal durch die Einleitung gekommen, da knirschte der Glatzkopf mit den Zähnen. Das hörte sich furchtbar an, als ob man mit den Fingernägeln über eine Schiefertafel kratzt. Am ganzen Körper bekam Schlemihl eine Gänsehaut.

Doch damit nicht genug, der mit den fettigen Haaren fing plötzlich an zu röcheln. Und seine Nachbarin führte Selbstgespräche. Der Stadtstreicher bekam einen Hustenanfall, der arme Teufel. Und der mit der dicken Brille knackte mit den Fingern. Es klang, als würde dürres Holz zerbrechen. Aus war es mit der Konzentration und Schlemihl steckte sein Buch in die Jackentasche. Dann mußte er zur Toilette. Die Macht des Wassers ist gewaltig, selbst der stärkste Mann kann es nicht halten.

Auf der Toilette verursachte er eine kleine Überschwemmung. Danach entschied er sich kurzfristig, die Bibliothek vorzeitig zu verlassen. Am Ausgang wurde er von einer energischen Angestellten zurückgehalten. Sie verlangte das Buch zurück, das er in die Jackentasche gesteckt hatte. Als ob er das nicht selbst bemerkt hätte. Nach der Devise – wenn du im Zweifel bist, sprich undeutlich – murmelte er etwas vor sich hin und gab ihr widerstrebend das Büchlein. Schade, eigentlich hatte er dafür schon einen Platz in seinem Bücherregal reserviert. Die Dame sagte unfreundlich: >>auf Wiedersehen, aber es eilt nicht<< und ließ ihn gnädig ziehen. Vor der Bibliothek war eine Bushaltestelle, direkt bei einem Kindergarten. Da stand er nun eine Zeit lang und wartete. Eine Kindergärtnerin kam heraus und fragte: >>erwarten Sie ein Kind?<< >>Nein<<, antwortete Schlemihl, >>ich war schon immer so dick.<< Kopfschüttelnd ging sie zurück. Bevor er erneut angelabert wurde, kam sein Bus.

Endlich kam er zu Hause an. Die Katze stellte sich tot und seine Gefährtin war auch nicht gerade lebhaft. Trotzdem erzählte er von seinem Besuch in der Bibliothek. Dann hatte er eine Idee: >>ich glaube, ich schreibe auch ein Buch. Das kann doch nicht so schwer sein. Jeder Idiot schreibt doch heute seine Biographie.<< >>Ich werde gleich damit anfangen, alles zu notieren, an was ich mich noch erinnern kann. Ich brauche einen großen, dicken Schreibblock.<< Darauf gab ihm seine Gefährtin einen Handzettel und meinte zynisch: >>hier, die Rückseite ist noch nicht beschriftet. Das reicht völlig aus.<<

*

124

# Ein unerträglicher Nörgler

*Es gibt gute Tage und schlechte Tage. Und es gibt auch solche Tage......*

Eigentlich fing der Tag ganz beschissen an. Schon beim baden entdeckte Schlemihl, daß der Blitzableiter direkt in seine Badewanne führte. Da hatten die Handwerker aber ganz schön geschlampt. Na ja, das konnte ihm doch egal sein. Die Handwerker hatte ja seine Gefährtin beauftragt. Er hatte gerade fertig gebadet, da klingelte es an der Tür. Tropfnaß stieg er aus der Wanne und eilte zur Tür. >>Wer ist denn da?<<, fragte er. >>Die Müllabfuhr<<, tönte es hinter der Tür, >>wir kommen wegen des Weihnachtsgeldes.<< >>Okay<<, rief er zurück, >>schieben Sie es unter der Tür durch.<< Er wartete einige Minuten, aber nichts wurde durchgeschoben. Da hatte sich wohl jemand einen schlechten Scherz erlaubt. Wäre ja auch zu schön gewesen.

Inzwischen brauchte er sich auch nicht mehr abzutrocknen. Alles war auf den Boden getropft. Nun begann er zu überlegen, was er heute noch erledigen konnte. Aber ihm fiel nichts Vernünftiges ein. Er ging so oft im Zimmer auf und ab, bis sein Schatten die Wände aushöhlte. Da wurde seine Konzentration unterbrochen. Die Post war gekommen. Endlich mal eine Abwechslung.

Im Briefkasten war nur ein Brief. Es war sein Leserbrief an die Lokalzeitung. Er war zurückgekommen mit dem Vermerk: Annahme verweigert. Das war zwar nicht das, was er erhofft hatte, aber wenigstens hatten sie ihn nicht in den Papierkorb geschmissen. So wie die fünfzig Briefe davor.

Gespannt, was der Tag noch für Überraschungen bereit hatte, ging er ins Stadtzentrum. Bei einem Facharzt hatte er einen Termin. Das Ärztehaus hatte 12 Stockwerke und sein Ziel lag natürlich auch im 12.

Stock. Von Fahrstühlen war er zwar nicht begeistert, aber hier hatte er keine Wahl. Mit Todesverachtung betrat er den Lift und fuhr nach oben. Lebend erreichte er den 12. Stock und fand auch gleich die gesuchte Praxis. An der Tür entdeckte er einen Zettel mit der Notiz "Wir machen 3 Monate Urlaub". Nun hatte er den Salat. Also, wieder rein in den Fahrstuhl und nach unten. Frustriert furzte er noch schnell in die Kabine, da blieb der Fahrstuhl stecken. Das konnte ja schon mal passieren, aber warum gerade heute? Da bemerkte er auch noch einen Mitfahrer. In der Fantasie ist das immer eine hübsche und liebestolle Dame, mit der man im Fahrstuhl steckenbleibt. In der Wirklichkeit ist es ein alter und häßlicher Gnom. Der Gnom rümpfte die Nase und fragte vorwurfsvoll: >>sagen Sie mal, haben Sie etwa gefurzt?<< >>Klar doch<<, antwortete Schlemihl, >>oder denken Sie, ich rieche immer so?<< Daraufhin drehte sich der Gnom um und zeigte ihm die kalte Schulter.

Endlich bewegte sich der Fahrstuhl wieder und die Fahrt nach unten ging weiter. Nach verlassen des Hochhauses überlegte Schlemihl, was er an dem angefangenen Tag noch sinnvolles tun konnte, aber er hatte kein Geld. Kurz entschlossen, setzte er sich in der Fußgängerzone auf den Boden und stellte ein Pappschild vor mich hin "Armer Ossi will nach Hause". Schon nach einer halben Stunde hatte er mehrere Hundert Euro zusammen. Inzwischen war er auch hungrig geworden, aber jetzt konnte er sich im Restaurant ein üppiges Mittagessen leisten.

Das nächste gute Restaurant war das Bahnhofsrestaurant. Als er sein bestelltes Menü bekam, fing er auch schon an zu meckern und motzte den Kellner an: >>warum sind die Portionen so winzig?<< >>Damit die Gäste ihren Zug nicht verpassen<<, entgegnete der arrogante Schnösel. Schlemihl ließ nicht locker: >>gestern hatte ich aber eine größere Portion.<< >>Da saßen Sie ja auch am Fenster<<, entgegnete der Schnösel und ging weg.

Nach einigen Bissen rief er den Kellner zurück und nörgelte: >>das Fleisch ist ungenießbar.<< Der Kellner meinte spitz: >>beschweren Sie sich doch beim Rindvieh.<< Darauf sagte Schlemihl: >>deshalb habe ich Sie ja hergerufen.<< Dann fragte er versöhnlicher: >>kann man von dem Zeug auch BSE bekommen?<< Der Kellner antwortete: >>da können Sie völlig beruhigt sein, dazu braucht man Rückgrat und Hirn. Sie sind also nicht in Gefahr.<< Für diese Antwort strich Schlemihl ihm schon mal das Trinkgeld.

Während dieser Auseinandersetzung hatte ein Musikstudent in der Ecke auf einem Klavier klassische Stücke gespielt. Inzwischen ging Schlemihl das Geklimper auf den Wecker. Er rief den Geschäftsführer und protestierte: >>der soll endlich aufhören Klavier zu spielen, sonst werde ich noch verrückt.<< >>Zu spät<<, meinte der Geschäftsführer, >>er hat schon vor einer Stunde aufgehört.<<

Nun war Schlemihl restlos bedient und verließ das ungastliche Haus. Da er von seiner Sammlung noch genug Geld über hatte, gönnte er sich mal wieder einen Theaterbesuch. Für die Nachmittagsvorstellung reichte es noch. Am Eingang des Theaters war ein Schild: "Hunde müssen draußen bleiben, der Tierschutzverein." Er schmunzelte amüsiert und dachte sich nichts dabei. Das war ein Fehler.

An der Theaterkasse herrschte gerade kein Andrang. Er wurde sofort bedient. >>Eine Karte bitte<<, sagte er. >>Für Othello?<<, fragte die Kassiererin. >>Blödsinn<<, meinte Schlemihl, >>die Karte ist für mich.<< Dann suchte er im Foyer nach dem Stand mit dem Popcorn, fand ihn aber nicht. Eigentlich gab es hier überhaupt nichts zu knabbern. Was für ein beschissenes Theater. Nun, vielleicht würde er es bis zur Pause auch ohne Knabberzeug aushalten.

Nun setzte er sich auf seinen Platz und konzentrierte sich auf das Stück. Vor ihm saß ein Zwerg, trotzdem sah er nichts. War er schon so geschrumpft? Dann achtete er wieder auf das Theaterstück. Schon im ersten Akt gab es drei Selbstmorde. Und das allein im Publikum. Nach dem ersten Akt gingen einige der Schauspieler gelangweilt nach Hause. Auch Schlemihl mußte dringend gehen. Und zwar aufs Klo. Er hatte sich im Bahnhofsrestaurant wohl überfressen. Die Klofrau schaute recht mürrisch und dachte: was will der alte Muffelbock wohl hier. Als Schlemihl ihr einige Silbermünzen aufs Tellerchen legte, hellte sich ihr Gesicht auf und sie wurde sogar scheißfreundlich. Wie gut, daß Schlemihl die alten Liremünzen noch aufgehoben hatte. Wenigstens die Farbe stimmte. Vor sich hin grinsend ging er weg. Die Klofrau sah die Münzen genauer an und rief ihm hinterher: "Furzgesicht". Oder so etwas ähnliches. So genau hatte er nicht hingehört.

Als er nach einer Stunde das Theater verließ, war er der letzte, denn inzwischen waren auch die restlichen Schauspieler gegangen. Nun lungerte er noch ein paar Stunden in der Gegend herum, bis es Nacht wurde. Plötzlich wurde er von einer Polizeistreife angehalten. Der Polizist verlangte seine Papiere und meinte: >>wir müssen Ihre Personalien überprüfen. Wie heißen Sie?<< Schlemihl antwortete: >>Olli Kahn.<< Der Wachtmeister wurde zornig und rief: >>Sie wollen mich wohl auf den Arm nehmen. Den Kahn kenne ich doch. Also noch mal von vorn, wie heißen Sie?<< Genervt antwortete Schlemihl: >>Johann Wolfgang von Goethe.<< >>Na, also<<, meinte der Grüne, >>geht doch.<<

Nun machte sich Schlemihl auf den Heimweg und stellte fest, daß ihm inzwischen die Geldbörse mit seinem sauer erbettelten Geld fehlte. Er mußte sie verloren haben, oder sie war im gestohlen worden. Nun fiel ihm auch noch ein Zitat ein: Was gut beginnt, endet schlecht. Was schlecht beginnt, endet furchtbar. Und hatte dieser Tag nicht schlecht begonnen? Als er endlich nach Hause kam, hing an der Wohnungstür ein Schild mit seinem Foto und der Aufschrift: "Wir müssen draußen bleiben."

*

# Gartenfest mit Hindernissen

*Für ein Gartenfest muß man viel vorbereiten. Darin steckt eine Menge Arbeit. Ist das Fest gelungen, freut man sich. Hat man aber einen Schlemihl eingeladen, gibt es eine Katastrophe.*

Gedankenverloren saß Schlemihl am Küchentisch und hörte schlechte Musik im Radio. Bevor ihm übel wurde, ging er aus dem Haus um etwas frische Luft zu tanken. Es war noch früh am Morgen. Da lief ihm auch schon sein Nachbar Anton (Toni) über den Weg. Anton war ein Schlimasl. Genau das Gegenteil von einem Schlemihl. Ein Pechvogel, der nie Glück hatte. Anton schleppte eine große Mülltonne hinter sich her. Schlemihl hatte schlechte Laune und wollte sich schnell verdrücken. Zu spät, Toni hatte ihn bereits erblickt. Uninteressiert fragte Schlemihl: >>warum bringst du schon den Müll raus, der wird doch erst in zwei Tagen abgeholt?<< Toni, ebenfalls schlecht gelaunt, meinte: >>das ist unser Essen. Den Müll habe ich in den Kühlschrank getan.<< Schlemihl glaubte ihm kein Wort.

Toni ging zurück und brachte eine zweite Tonne. >>Noch mehr Essen?<< fragte Schlemihl. >>Nein<<, antwortete Toni, >>das ist meine Frau, wir hatten einen kleinen Streit.<< Schlemihl dachte, hoffentlich hat er nur einen Witz gemacht. Dann wechselte er schnell das Thema: >>was macht dein Garten?<< Da hatte er eine offene Tür eingerannt. Toni ist Kleingärtner und auf seinen Garten sehr stolz. Sofort besserte sich seine Laune und er sagte: >>am Samstag habe ich ein Gartenfest. Komm doch einfach rüber.<< Jetzt hatte er den Schlemihl überrumpelt. Ihm fiel so schnell keine passende Ausrede ein. Also meinte er: >>okay, wann soll ich kommen?<< >>Ist doch egal<<, antwortete Toni, >>aber sei pünktlich.<<

Am Samstag nachmittag ging Schlemihl zum Schlimasl hinüber. Er traute sich aber nicht, die Gartentür zu öffnen. Da war ein Schild angebracht "Vorsicht Hund". Also läutete er und wartete am Gartentor. Da kam auch schon Toni und hinter ihm flitzte ein winziges Hündchen um die Ecke. Entrüstet sagte Schlemihl: >>wegen solch einem Minihund brauchst du ein Warnschild?<< Toni lachte und meinte: >>ist doch nur, damit keiner auf ihn drauf tritt.<< >>Ist der sehr scharf?<< fragte Schlemihl. >>Das kann man wohl sagen<<, meinte Toni, >>wenn ich spät nach Hause komme, läßt er mich nicht mehr in die Wohnung.<< >>Bevor ich ihn anfasse<<, fragte Schlemihl, >>beißt er?<< >>Auf keinen Fall<<, antwortete Toni. >>Und wie frißt er dann?<< fragte Schlemihl.

Nun ging das Toni aber auf den Keks und er führte Schlemihl erst mal durch seine Ländereien. Dieser mußte den ganzen Garten besichtigen, einschließlich dem Misthaufen. Auf einigen Beeten war frisch eingesäht. Schlemihl deutete darauf und meinte: >>hast du keine Angst, daß dir die Vögel die ganze Saat wegfressen? Stelle doch besser eine Vogelscheuche auf.<< >>Das ist nicht nötig<<, meinte Toni, >>meine Frau ist ja meistens im Garten.<<

Dann zeigte er Schlemihl seine Sonnenblumen. Die waren gute acht Meter hoch. Schlemihl nörgelte: >>die sind aber mickrig. Du solltest mal mit ihnen sprechen, das tut den Pflanzen gut, habe ich gehört.<< Toni entgegnete: >>du kannst ja nächste Woche rüberkommen und mein Unkraut beleidigen.<< Nun deutete Schlemihl auf ein völlig zugewachsenes Beet und meinte: >>warum liegen da so viele Fußbälle?<< >>Das sind Kürbisse<<, korrigierte Toni. Dann deutete er voller Stolz auf einen Baum und meinte: >>wie gefällt dir meine Magnolie?<< Ohne Schlemihls Antwort abzuwarten fuhr er fort: >>man nennt die Magnolie auch Tulpenbaum.<< Wahrscheinlich hatte er Schlemihls Unkennt-

131

nis in Botanik ausgenutzt und einen Witz gemacht. Wortlos ging Schlemihl weiter.

Endlich kamen sie zur Terrasse. Alles war festlich geschmückt, mit farbenfrohen Wimpeln und bunten Girlanden aus Metallfolie. Für den Abend waren Lichterketten montiert und vereinzelt sah man auch Wunderkerzen und Gartenfackeln. Sogar chinesische Papierlampions und Windlichter waren an den Bäumen aufgehängt. Nun betraten beide die Terrasse, dort standen die wichtigsten Dinge für die Party. Der Grill und die Getränke. Im Hintergrund war ein Büfett aufgebaut, mit Salaten, Dipps, Kräuterbutter, Gemüsesticks und frischem Brot. Toni hatte sich viel Mühe gemacht und keine Kosten gescheut. Allerdings vermißte Schlemihl das gute Geschirr. Es gab nur Picknickteller und Besteck aus Plastik. Auch die Gläser waren aus Plastik, manche sogar nur aus Pappe. Das hat der verdammte Hund doch sicher wegen dem Schlemihl so gemacht.

Einige Leute waren schon da, darunter auch ein paar seltsame Typen. Schlemihl stieß Toni an und sagte laut: >>sieh mal diesen Typen an, lange Haare, ausgefranste Hosen und Zigarette im Mundwinkel. Hast du einen Stadtstreicher eingeladen?<< >>Das ist meine Tochter<<, entgegnete Toni. Seine Tochter hatte alles mitgehört.

Unbeeindruckt deutete Schlemihl auf eine Frau am Büfett und meinte: >>sieh mal, die Fette dahinten, die hat ja einen Arsch wie ein Brauereigaul.<< >>Das ist meine Frau<<, entgegnete Toni. Schnell korrigierte Schlemihl sich: >>ein Wahnsinnsweib!<< >>Du hast ja recht<<, seufzte Toni, >>jetzt hat sie auch noch angefangen zu reiten, um etwas abzunehmen.<< >>Und<<, meinte Schlemihl, >>ist sie schon ein paar Kilo losgeworden?<< >>Sie nicht<<, meinte Toni, >>aber das arme Pferd.<<

Nun deutete Schlemihl auf einen älteren, ziemlich schäbigen Typ: >>seit wir hier stehen und das ist noch nicht lange, hat der schon den sechsten Schnaps getrunken.<< >>Das ist Onkel Fritz<<, erklärte Toni, >>der hat heute seinen Leberwursttag.<< >>Was für ein Tag?<< fragte Schlemihl. >>Der sauft bis zum umfallen, dabei ist ihm seine Leber wurst<<, antwortete Toni. Jetzt deutete Toni auf einen Bierbauchträger und meinte: >>den kennst du doch auch.<< >>Ja<<, antwortete Schlemihl, >>der heißt Vlczewsky oder ähnlich. Wenn der sich vorstellt, spuckt er dich immer an.<< >>Ja, ja<<, meinte Toni, >>eine richtige Spuckmaschine. Übrigens ist er mein Schwager. Und der einzige Geist, den er kennt, ist der Weingeist.<< Die Spuckmaschine hatte den beiden zugehört und fing an, in der Jackentasche nach einem Messer zu suchen. Schnell gingen beide weiter.

Ein kleiner Giftzwerg lief ihnen über den Weg. Toni erklärte: >>mein Cousin Isidor. Letzte Woche hat er noch bei der Tischfussballmeisterschaft im Tor gestanden.<< Isidor lief rot an und brachte vor lauter Ärger kein Wort heraus. Beide gingen schnell weiter und Toni meinte: >>soll ich dich den anderen vorstellen?<< >>Besser nicht<<, sagte Schlemihl, >>die meisten kennen mich schon und der Rest lernt mich sicher auch noch kennen.<<

Dann erklärte er: >>einmal wurde ich einer Gesellschaft vorgestellt, da hob ich nur die rechte Hand und winkte lässig, schon tobten die Gäste. Eine junge Dame fiel sogar in Ohnmacht und mußte weggetragen werden.<< >>Ich bin halt ziemlich bekannt.<< Toni starrte Schlemihl ungläubig an.

Der wandte sich zu Onkel Fritz um und hörte wie er vor sich hin murmelte: >>oh Herr, gib mir wieder Durst, alles Andere ist mir Wurst.<< Sofort quatschte Schlemihl ihn an: >>was treiben sie eigentlich so den ganzen Tag?<< Onkel Fritz war inzwischen bereits beim 15. Schnaps angelangt und nicht mehr so redegewandt: >>ich schreibe schon seit zwei Jahren an einem Buch.<< >>Wäre es nicht besser, sie würden sich eins kaufen?<< sagte Schlemihl und ging schnell weiter.

Toni folgte ihm auf Schritt und Tritt, konnte aber nicht verhindern, daß er noch weitere Gäste beleidigte. Vor Verzweiflung zog er sich immer wieder an den Ohrläppchen, bis diese fast zu den Schultern reichten. Inzwischen hatte Schlemihl Hunger und Durst bekommen und steuerte den Grill an. Toni folgte ihm wie ein Schatten. Schlemihl deutete auf den Grillrost und sagte: >>sieh mal, der Lammbraten trägt ja noch das Halsband deiner Katze.<< Erschrocken rief Toni: >>wer, was, wo?<< und wollte zum Grill rennen. Schlemihl hielt ihn mit Gewalt zurück. Dabei riß er ihm fast einen Ärmel aus. Dann beruhigte er ihn: >>ich habe doch nur einen Witz gemacht, das Halsband ist für eine Katze doch viel zu groß.<< Und es war auch kein Lammbraten, sondern Schweinebauch. Kurz entschlossen versuchte Schlemihl etwas von dem Schwein. Dann lobte er die Gastgeberin für ihren hervorragenden Schweinebauch. Das führte zu weiteren Irritationen.

So langsam machte Schlemihl sich Sorgen. Die anderen Gäste sahen ihn ziemlich unfreundlich an und einige machten drohende Gesten. Hatte er tatsächlich schon alle verärgert? Um Toni bildete sich ein Rudel von Partygästen. Lautstark forderten sie ihn auf, Schlemihl rauszuschmeißen sonst würden sie gehen. Gegen dieses Kollektiv war er machtlos und forderte Schlemihl höflich auf, sein Fest zu verlassen.

Das war schon bitter, wo doch die Gartenparty noch gar nicht richtig angefangen hatte. Aber, weil es Schlemihl auch schon ziemlich langweilig war, verließ er unter Protest den Garten. Auf dem Gartenweg trat er im Vorbeigehen nach Tonis Lieblingskaktus. Dieser machte einen Sprung zur Seite. Irritiert sah er ihn genauer an. Es war ein Igel.

Zuhause angekommen, rief er anonym die Polizei an und machte darauf aufmerksam, daß im Nachbargarten ein Treffen Rechtsradikaler stattfindet. Nach wenigen Minuten trafen Polizei und Verfassungsschützer mit mehreren Einsatzfahrzeugen ein. Auch ein Helikopter kreiste plötzlich über der Gegend. Die Partygäste und Gastgeber wurden vorläufig festgenommen und abtransportiert. Nur der Hund blieb zurück. Nach mehreren Stunden und strengen Verhören hatte sich alles aufgeklärt. Die Partygäste durften wieder nach Hause. Man hatte sie erkennungsdienstlich behandelt und ihre Finger waren von der Stempelfarbe total verschmiert. Außer Onkel Fritz, wollte keiner mehr weiter feiern. Die Party war beendet.

Obwohl Schlemihls Nachbar Anton nicht herausbrachte, von wem der Anruf bei der Polizei stammte, hat er Schlemihl nie mehr eingeladen. Ob er wohl einen Verdacht hatte? Auf jeden Fall hatte Anton den Schlamassel, was so ähnlich wie klingt wie Schlimasl und auch dieselbe Bedeutung hat.

# Deutsche Traumstadt

*Sind wir wirklich schon unterwandert? Manche glauben das und meinen: man muß doch nur die Augen aufmachen.*

Neulich hatte Schlemihl in einer Nachbarstadt zu tun. Seine Besorgungen waren schnell erledigt und es blieb noch Zeit, die Fußgängerzone zu besichtigen. Diese bestand aus drei Hauptstraßen und zwei Querstraßen. Diesmal wollte er genau auf die Namen der Ladeninhaber achten. Ob da wirklich etwas dran ist? Sind wir tatsächlich schon unterwandert?

Seine Besichtigung begann an der ersten Hauptstraße. Die linke Seite fing mit einem Schuhgeschäft an, gefolgt von einer Tierhandlung. Über dem Eingang stand halbrund: Clothilde Hamster. Das war doch mal ein passender Name. Daneben war das Feinkostgeschäft von Antonia Auster. Dann kam ein Schuhgeschäft.

Der nächste Laden gehörte einem Timo Ballermann, ein Waffengeschäft. Dann kam eine Weinhandlung, Inhaber Torsten Suff. Am Ende der Straße war das Restaurant "Zum Hängebauchschwein". Nun, hungrig war er noch nicht.

Vor dem Restaurant wurde gerade ein Bierwagen von einem Polizisten angehalten. Der rief zum Fahrer hinauf: >>sie haben überladen.<< Darauf kletterte der Fahrer auf seinen Laster und reichte drei Fläschchen Pils herunter. Der Polizist bedankte sich und meinte: >>na also, jetzt stimmt das Gewicht.<<

Auf der anderen Straßenseite sah Schlemihl ein Reformhaus. Über der Eingangstür stand in großen Buchstaben Freddy Frischbutter. Dann kam der Musikladen von Harry Dudelsack. Und schließlich auch noch die Zahnarztpraxis von Doktor Carius. Daneben war ein Schuhgeschäft. Ein Stückchen weiter fand er den Seidenblumenladen: Fanny Kleinholz. Und schließlich die Käseecke von Lorenz Leberwurst. Flankiert von einem Schuhgeschäft. Nun führte ihn sein Weg in die zweite Straße. Der erste Laden war ein Geschäft für Zootiere. Die Chefin hieß Rosa Maulwurf und sah auch so aus. Dann kamen zwei Lokale, "Knallerbse" und "Graseule". Und wieder ein Schuhgeschäft. Nach ein paar Schritten stand er vor Willibald Mehlsack's Tiroler Spezialitäten. Daneben waren Versicherungen aller Art von Erich Schadenfroh. Und ein Schuhgeschäft.

Schlemihl stolperte weiter, an einer Weinhandlung vorbei und las: Inhaber Bier und Korn. Dann entdeckte er ein Schaufenster mit antiken Uhren. Darauf stand in durchsichtigen Buchstaben: Feinmechanik und Uhren, Klaus Stümper. Am Ende der Straße sah er nur eine Stahltür, ohne Fenster. Auf der Tür war ein winziges Emailleschildchen: Antonio Stiletto, Objektschutz und Alarmanlagen.

Die andere Straßenseite begann mal wieder mit einem Schuhgeschäft. Daneben der "Wurstkessel", ein Schnellrestaurant. Noch hatte er keinen Hunger. Da entdeckte er eine Kreditvermittlung. Der Inhaber hieß bezeichnend, Oskar Wucherpfennig. Gleich daneben ein Gebrauchtwagenhändler, Inhaber Schrott und Bruch. Daneben ein Schuhgeschäft.

Schon konnte er das Ende der Straße sehen. Da waren nur noch drei Geschäfte. Das erste war ein Bestattungsunternehmen mit dem Namen Cordula Fröhlich. Daneben las er: Schmuck An- und Verkauf, Bodo Silberhammer. An der Ecke schließlich ein Schuhgeschäft.

Zwischendurch begegneten ihm einige seltsam gekleidete Freaks mit Glatzköpfen und Tätowierungen. An allen freien Körperstellen waren sie gepierct. Sie trugen Schilder mit der Aufschrift "Es lebe die Revolution". Sein erster Eindruck war: Hirnlose Irre, die als erste an die Wand gestellt werden, wenn tatsächlich eine Revolution kommen würde.

Schlemihl war zwar schon etwas müde, aber die dritte Straße würde er auch noch schaffen. Diese begann gleich mit einem Bioladen, Inhaber Bodo Fleischfresser. Daneben ein Schuhgeschäft. Gefolgt vom Reformhaus Ulla Käsebier und der Tierhandlung Max Hasenbein. Und endlich wieder mal ein Schuhgeschäft. Dieses war flankiert vom blauen Kakadu und vom Kolibri, zwei Striplokalen. Am Ende der Straße dann Feinkostwaren, Inhaber Knoblauch und Zitterbart.

Auf der anderen Seite begann es mit Wilma Fettköther's Pralinen gefolgt von dem Herrenfriseur Jürgen Kahl und dem Hundesalon von Rosa Katzenbeisser. Danach kam eine Wechselstube. Über der Eingangstür stand Falko Hundertmark. Die Häuserzeile endete mit einem Schuhgeschäft.

Jetzt wollte er alles sehen und nahm sich auch noch die Querstraßen vor. In der ersten Querstraße fand er nur noch das Malergeschäft Anton Dreckmann und die Zahnarztpraxis von Doktor Bormann. In der zweiten Querstraße war der Musikladen von Gernot Geigenfeind und die Arbeitsvermittlung von Susanne Feierabend. Kein einziges Schuhgeschäft. Welche Enttäuschung.

Welche Erkenntnis hatte er aus dieser Besichtigungstour gewonnen? In dieser seltsamen Stadt ist noch alles in deutscher Hand, aber es gibt zu wenige Schuhgeschäfte.

Natürlich hat Schlemihl diese Stadt schlicht und einfach erfunden. Es gibt sie nicht. Sie brauchen also nicht zu suchen. Aber, wenn es sie gäbe, wäre das nicht schön? Ein klein wenig träumen darf man doch?

*